対論 勝利学

一流アスリートに学ぶ〝勝つ極意〟

二宮清純
Seijun Ninomiya

第三文明社

はじめに

JOC（日本オリンピック委員会）はロンドン五輪での目標を「金メダル数で世界五位以内」に置いている。

参考までに北京五輪での国別金メダル数を見てみよう。

一位・中国51（メダル総数100）、二位・米国36（同110）、三位・ロシア23（同72）、四位・英国19（同47）、五位・ドイツ16（同41）、六位・豪州14（同46）、七位・韓国13（同31）、八位・日本9（同25）――。

おそらく今大会も順位に変動はあってもトップ3の顔ぶれは変わらないだろう。そしてホストカントリーの英国がトップ5から陥落することも考えにくい。

つまり日本が目標を達成するためには、ドイツ、豪州、韓国を超えなければならないのだ。

そう書くと「オリンピックは参加することに意義がある」と語る者もいるだろう。

この言葉の主はエセルバート・タルボットという米国ペンシルベニアの主教。時は一九〇八年、ロンドン五輪開幕前のこと。ホストカントリーの英国と米国は陸上競技などの判定を巡って対立していた。タルボット主教の言葉を伝え聞いた〝近代五輪の父〟ピエール・ド・クーベルタン男爵が感銘を受け、英国政府主催の晩餐会《ばんさん》でこの言葉を披露《ひろう》したことであまねく知れ渡ったと言われている。

それから百年、この言葉を口にする選手は、ほとんどいなくなった。五輪を平和の祭典と見なせば「参加することに意義がある」のは確かだが、なべて選手たちは自己記録の更新を狙い、チームは一つでも多くの勝利を目指している。

本書ではロンドン五輪に出場する6人のアスリートと2人の指導者を紹介する。彼らはいかにしてオリンピアンとなったのか、いかにしてオリンピアンを育てたのか。そして、どのような戦略の下で五輪を戦うのか。加えて9人のスポーツの達人たちが独自の〝勝利学〟を披露する。

なお、本書を世に送り出すにあたっては第三文明社編集部、ライターの長野修氏、鳥飼新市氏、村上政彦氏、カメラマンの生井秀樹氏、鶴田照夫氏、三原修氏に大変、お世話になった。株式会社スポーツコミュニケーションズの石田洋之氏の協力も得た。ここに感謝の意を表するとともに、本書がこの国のスポーツ界発展の一助となることを願ってやまない。

二〇一二年六月

二宮清純

対論・勝利学

目次

本書は月刊誌『第三文明』連載中の「対論・勝利学」（２０１０年１月号〜）の内容を基に、一部加筆・再編集したものである。

装幀／香月さよ子
本文レイアウト／安藤　聡

vs1. 宮間あや

「チャレンジ精神で五輪に挑む！」

みやま・あや

1985年、千葉県生まれ。幕張総合高校2年時に岡山湯郷《ゆのごう》Belle《ベル》入り。18歳にして日本代表に選出される。以降、3度のワールドカップと1度の五輪を経験。4位になった北京五輪後にはアメリカ女子プロリーグでプレーする。2011年の女子ワールドカップでは大会通算2得点4アシストを記録。大会後、チームメートとともに国民栄誉賞、紫綬褒章を受章。アジアサッカー連盟の女子年間最優秀選手賞にも選出された。

〝百分の一秒〟の勝負

二宮清純　二〇一一年のワールドカップでの優勝は日本中が喜びに沸《わ》きました。東日本大震災で日本国内が悲しみに沈んでいたなか、なでしこジャパンの皆さんが勇気と元気を与えてくれました。

宮間あや　優勝できたのは、皆さんの応援のおかげです。本当にありがとうございました。

二宮　決勝の相手は、最強のアメリカでした。日本は大会前まで、アメリカに一度も勝ったことがなかった。試合は先制点を許し、後半十五分、宮間選手が同点ゴールを決めましたね。左サイド後方からゴール前に走り込み、相手ディフェンダーからのこぼれたボールをシュート。あの瞬間、あのポジションに宮間選手がいたことに、ゴールへのすさまじい執念を感じました。

宮間　当然、ボールがこぼれることが前もってわかっていたわけではありませんが、フォワードの選手たちが前線で粘っていたので〝サポートに行こう！〟という一心で走り込みました。

2011 年度アジアサッカー連盟・女子年間最優秀選手賞を受賞した

二宮　アメリカ代表のゴールキーパー、ホープ・ソロ選手とは親交があるそうですね。

宮間　ええ。〇九年に移籍したアメリカのプロサッカーリーグではチームメートだったこともあり、本当に親しい友人です。シュート練習でも、彼女からはなかなかゴールを奪えませんでした。素晴らしいキーパーなので、ゴール前でソロ選手と向き合った瞬間は、やはり恐怖感、威圧感がありましたね。

二宮　しかし、あの場面ではうまくソロ選手の逆を突《つ》きました。技ありのゴールでしたね。

宮間　一瞬早くソロ選手が（宮間選手から見て）右側に動くのがわかりましたので、左にシュートを放ったんです。

二宮　瞬間的に、右に動くのがわかった？

宮間　はい。本当はソロ選手が動いた方向にシュートを放つつもりだったんですが、蹴る直前に左方向に変えました。

二宮　いい選手というのは、相手の動きをじっくり見て最後の最後でプレーをする。ジャンケンでも後に出したほうが強いのと一緒です（笑）。おそらく〝百分の一秒〟単位の勝負だったのではないでしょうか。

宮間　あの瞬間はソロ選手の動きがスローモーションのように見えました。これまで体験したことがないような不思議な瞬間でした。私のあの試合でのポジションは、左サイドハーフ。走り出したときのことはあまり覚えていませんが、右サイドからの攻撃があるときは、できるだけゴール近くに行こうと思っていましたし、佐々木（則夫）監督からもそうした指示がありました。ボールが来ても来なくても、毎回きちっとやるべきことを続けた結果が、あのゴールにつながったと思います。

歴史に残るゴール

二宮　宮間選手のゴールで同点に追いつき、試合は延長戦へ。しかし、日本は再びリードを許してしまいました。〝もう厳しいかな〟と思っていたところへ飛び出したのが澤（穂希《ほまれ》）選手の同点ゴール。宮間選手がコーナーから蹴ったボールが、あそこしかないというくらいピンポイントで澤選手に渡り、得点につながりました。

宮間　あのエリアは、澤選手が得意にしているんです。澤選手はボールが飛んでくるスピードと、自分が走るスピードを絶妙に合わせることができる。研《と》ぎ澄《す》まされた感覚が生んだゴールです。

二宮　狙いどおりの場所へピンポイントに蹴れるのは宮間選手しかいないし、そこへ走りこんで点をとれるのも澤選手しかいなかった。二人の思いが通じ合ったゴールに映りました。

宮間　実はあのコーナーキックの直前、キーパーがけがの手当てをしていて少しゲームが中断したんです。そのとき、澤選手、阪口（夢穂）選手、そして私が集まり、ニア（ボールを蹴るコーナーポストから近いほうのゴール前エリア）に蹴り込んだらいけるんじゃないかと話し合いました。

二宮　そして澤選手が右足のアウトサイドで合わせてのゴール。澤選手は素晴らしいゴールをたくさん決めていますが、そのなかでも歴史に残るゴールだと思います。

宮間　本当にそのとおりですね。

いつもと変わらない監督の姿

二宮　澤選手の存在は頼もしいでしょう。

宮間　もちろんです。いろんな部分で超越《ちょうえつ》していますし、経験値がほかの選手の比ではないですから。

二宮　以前、澤選手は「苦しくなったら私の背中を見て」と言ったことがあるそうですね。

宮間　北京五輪の三位決定戦前のミーティングですね。先輩たちがそれぞれ自分の思いを語ってくれたのですが、澤選手だけは一言、「苦しいのはみんな同じだから、苦しくなったら私の背中を見て」と言ってくれました。

二宮　カッコいい言葉ですね。さて、ワールドカップの決勝は、ＰＫ戦にもつれ込みました。最初に蹴ったのは宮間選手。相当なプレッシャーが

ワールドカップ決勝での同点ゴール。「なでしこ JAPAN」優勝に大きく貢献した　写真：アフロ

あったでしょうが、笑みさえ浮かべていたようにも見えました。

宮間　もちろんプレッシャーはありました。ただ、とても仲のよいソロ選手と、ワールドカップの決勝で一対一で向き合っているわけです。こんなことはもう二度とないだろうと思うと、緊張はしましたが、どこかで楽しい気持ちもあったのでしょう。

二宮　ＰＫ戦前の円陣では監督も選手も笑顔を見せていましたね。

宮間　あのとき、佐々木監督は「ここまで来たんだから、それだけでもうけもんだ」といった言葉をかけてくれたんです。あの決勝のＰＫ戦を前にしても、いつもと変わらない佐々木監督がいたからこそ、皆、リラックスできたんだと思います。

二宮　それに対して、アメリカの選手は相当プレッシャーを感じているように映りました。

宮間　アメリカは、試合で二度リードし、二度追いつかれているわけですから、かなり精神的なダメージがあったと思います。それにアメリカは日本にこれまで一度も負けたことがありませんでした。アメリカにしてみれば、今回も負けるわけがないという思いがありますから、同点でＰＫ戦を迎える状況はきつかったでしょう。

二宮　ＰＫ戦を制した瞬間、宮間選手は大喜びするのではなく、アメリカの選手たちのもとに歩み寄って抱擁していましたね。あの姿がアメリカでは、素晴らしいスポーツマンシップだと称賛されました。

宮間　あれはもともと考えていた行動ではありません。アメリカ代表には友達も多かったので、自然と彼女たちのほうに体が向いていましたね。

常に必要とされる選手に

二宮　宮間選手のお父さんは、読売クラブ（現・東京ヴェルディ）の元選手でした。そのお父さんがつくられたサッカーチームで、宮間選手は小学一年生からプレーしています。お父さんからも何か特別な手ほどきを受けたのですか。

宮間　そういう記憶はあまりないですね。男の子と同じチームでプレーしていたので、主に彼らのプレーを見て学んでいました。

二宮　お母さんはバスケットボールの経験者。バスケットボールでは左右どちらの手でもボールをコントロールできることを例に出し、宮間選手に対しても「どうして両足で同じようにボールを操れないの？」とおっしゃったそうですね。

宮間　そうです。母親にそう言われたことが悔しくて、両足で蹴れるよう練習に取り組みましたね。

二宮　左右どちらの足でも精度の高いキックができる選手は男子でも決して多くありません。これは宮間選手の大きなアドバンテージでしょう。ちなみに得意なのはどちらの足ですか。

宮間　もともとは右利きなのですが、左足のほうが癖のない素直なボールが蹴れます。

二宮　宮間選手は〇九年にアメリカのプロチームに移籍しました。アメリカの女子サッカーは、世界ナンバーワンです。どういった点がプラスになりましたか。

宮間　まず、初めてプロ選手としてサッカーをしたことが大きかったですね。プロとしての姿勢や自覚が生まれましたし、そこで出会った多くの人たちが、私の人生に大きな影響を与えてくれました。アメリカでは計三チームに所属しましたが、どこへ行ってもポジションに変化なくスタメンで出場できたところは非常に恵まれていたと感じます。

二宮　普通、チームが替わると戦術に合わないからと外されたり、ポジションを変更させられることも少なくありません。どんなチームでも同じように必要とされたというのは実力が認められた証拠でしょう。

宮間　ありがとうございます。私もそういう選手になりたいと思い、頑張ってきたので自信になりました。

二宮　アメリカの選手たちは、フィジカルが強く、コンタクトプレーでは日本はどうしても不利になる。ロンドン五輪ではアメリカとの対決も予想されます。再び勝利を収めるためには、何が必要だと思いますか。

宮間　昨年のワールドカップのような運も必要ですし、運をたぐり寄せるための努力も必要だと思います。その上で、日本とアメリカとの間にあるのは「差」ではなく「違い」だという発想が大事になるでしょう。たとえばフィジカルを差と捉えてしまうと、アメリカのようにフィジカルの強いチームを目指さなければならない。それでは、いつまでたってもアメリカの上に行くことはできません。佐々木監督がいま私たちに浸透させているサッカーの質をさらに上げていけば、結果はもち

ワールドカップ優勝後の記者会見で（最前列左が宮間選手） 写真：KIMIMASA MAYAMA/アフロ

ろん内容でもアメリカに勝利できる日が必ず来ると確信しています。

二宮 差ではなく違い。非常によくわかります。日本が勝っている点をもっと磨いていくことが重要だということですね。

宮間 これは私の持論ですが、フィジカルの強さは「決定的な勝利の要因にはならない」けれども、フィジカルの弱さが「負ける要因にはなる」ので、ある程度、フィジカルのトレーニングは必要です。だけど、それによって勝つのではなく、違う点で勝負をすることが大事だと思っています。

真の強豪国を目指して

二宮　なでしこジャパンは、大震災後の日本に、勇気と希望を与えたことが評価され、国民栄誉賞を受賞しました。やはり大会中は震災のことを心に留めながら、プレーしていたのでしょうか。

宮間　震災が起きてからずっと、なでしこリーグ全体として何ができるのかということを考えてきました。そして皆で「私たちが世界で戦う姿が、少しでも被災地の皆さんの力になれば」という話をしていました。試合前は、控室で被災地の映像を見て「絶対に負けない」と、チームで心を一つにして臨みました。

二宮　サッカーはチームスポーツです。今回、個人ではなくチーム全体で受賞した点は、被災地に対して「皆で助け合おう」という大きなメッセージを発信できたのではないでしょうか。まさか国民栄誉賞に輝くとは想像していなかったのでは？

宮間　まったくなかったですね。岡山で報道を見て初めて知り、サッカー協会の担当者に電話して「そんな立派な賞はいただけません」と話したんです。

二宮　賞が重すぎると？

宮間　はい。自分たちがいただけるような賞ではないというのが本音でした。でも、日本に少しでも貢献できたのであればと、受賞させていただきました。

二宮　ワールドカップで優勝し、日本中のみならず、全世界から以前の何倍も注目が集まるようになりました。なでしこリーグにも大勢のお客さんが入るようになり、女子サッカーを取り巻く環境も変わりつつあります。その変化をどう感じていますか。

宮間　たとえば買い物に出かけたときに、周りの方が「感動をありがとう」と言ってくださったり、ご高齢の方も岡山弁で「よくがんばりんちゃった」と声をかけてくださるようになりました。とても励みになりますし、大きな力をいただいています。

二宮　いよいよロンドン五輪です。ワールドカップで優勝したことで、国民の多くは再び金メダルを期待しています。しかし、女子サッカー界でワールドカップを制した翌年の五輪で優勝したケースはありません。金メダルへの道のりは決して容易ではないことは、選手自身が一番わかっているのではないでしょうか。五輪への意気込みを聞かせてください。

宮間　五輪でメダルを取ることは、すべてのアスリートの夢です。ワールドカップ以上に各国は力を入れてくるでしょう。本当に厳しい戦いになると思います。だからこそ、金メダルを取って、ワールドカップで得た喜びよりも、もっと大きな喜びを味わいたいという気持ちが強くなっています。特にロンドン五輪は、日本女子サッカーの未来を左右すると思っています。五輪にかける思いは前回以上に強いです。

二宮　世界は打倒なでしこジャパンで挑んできます。どのように戦いますか。

宮間　これまでは相手チームがそれぞれのよさをぶつけてくるだけでしたが、五輪では私たちを攻略すべく対策を練ってくると思います。なので私たちは、さらにその上をいく新たなチャレンジをすることが大切です。五輪に向けて絶対に忘れてはいけないのがチャレンジ精神。私たちはワールドカップを一度優勝しただけであって、ほかのチームは日本をまだ真の強豪国だと思っていないかもしれません。だから、私たちは常にチャレンジャーの気持ちで戦うべきです。〝日本は強い〟と思わせるために、もう一度、世界にチャレンジをしたいと思っています。

二宮　ロンドンでも宮間選手らしいプレーが見られることを楽しみにしています。

宮間　この前、テレビで過去の五輪のメダルを見たら、ワールドカップでもらったものよりサイズが大きかったんです。だから、ぜひ大きいメダルを日本に持って帰りたいと思っています。

（『第三文明』2012年3月号掲載）

取材後記

立ち位置がブレない人としての強さ

身長一五七センチしかない宮間選手は、小柄な選手揃いのなでしこジャパンのメンバーの中でも、とりわけ小さい部類に入る。体格のいい米国人選手と並ぶと、その差は歴然だ。

こうした米国との差について、対談で彼女はキッパリと言い切った。

「差ではなく違いです」

この一言に彼女の強さとプライドが垣間見えた。

では「差ではなく違い」と断言できる背景には何があるのだろう？　それはおそらく、自信である。磨き上げてきた技術に裏づけされた自信である。もちろん、最初から、この境地に達していたわけではないだろう。時には悔しい思いをしたに違いない。しかし、経験を重ねるうちに、誰にも負けない技術を磨くことが自分の生きる道だと腹をくくり、妥協することなくレベルアップし続けてきたからこそ、いまの彼女があるのだと思う。だからこそ、いざピッチに立つと、小さいはずの背中は誰よりも大きく映る。

女子サッカーは、昨年のワールドカップを境にして注目を浴びる競技へと劇的に変わった。まさにシンデレラ・ストーリーである。しかし、宮間選手に限っては陽の当たらない時代も、スポットライトを浴びるいまも、サッカーに打ち込む姿勢には何の変化もない。立ち位置がブレていないのだ。どこにいてもどんな立場になっても、自分はサッカーが好きで、もっとうまくなりたい。いわゆるアスリートとしての原点を見失っていない。だからこそ、あのすさまじいフィーバーのなかでも自分を磨き続けることができたのだろう。

人間誰しも、陽の当たる場所に立ちたい、脚光を浴びたいという願望がある。それは決して悪いことではない。しかし、宮間選手のような、目立とうと目立つまいと、どこにいても私は私、という生き方は間違いなく強く、尊い。

なでしこジャパンを牽引《けんいん》する澤穂希《ほまれ》選手が天才的な感覚の持ち主であるのに対し、宮間選手はどちらかというと理論的にサッカーを組み立てている。これも差ではなく違いである。Ｖ９時代の巨人は天才的な長嶋茂雄さんに対して、極限まで道を究める王貞治さんがいたからこそ強かった。どちらを欠いてもＶ９は不可能だっただろう。同様になでしこも澤選手と宮間選手の二人がいるからこその強さだと感じる。ともにリスペクトし合っている点にも好感を覚える。

vs2. 黒須成美

「キング・オブ・スポーツの魅力とは!?」

くろす・なるみ

1991年、茨城県生まれ。東海東京証券所属。小学5年生のときに、父親の勧めで近代五種を始める。中学校3年時の2006年、アジア選手権で5位入賞。10年の第1回女子近代五種全日本選手権で優勝を果たす。11年5月に行われたアジア・オセアニア選手権で、ロンドン五輪の出場権を獲得した。

一日がかりの体力勝負

二宮清純　ロンドン五輪の出場権獲得、おめでとうございます。

黒須成美　ありがとうございます！

二宮　日本の女子選手が近代五種で五輪に出場するのは、初めてだそうですね。

黒須　はい、そうです。

二宮　近代五種は、日本ではまだ馴染みの薄い競技ですが、欧州では〝キング・オブ・スポーツ〟と称されています。内容は、フェンシング、水泳、馬術（障害飛越）、コンバインド（射撃とランニングの複合種目）の五種目。非常に体力を使いますね。

黒須　そうなんです。近代五種を始める前は、水泳しかしていませんでしたので、正直、五種目もやるのは大変でした。

二宮　この競技は、もともと十九世紀のフランス軍で、自軍の戦果を報告した騎兵将校の故事から生まれたとか。競技の順番はどうなっていますか。

日本女子で初となる近代五種での五輪出場を果たした

黒須　まず、フェンシングをやって、その三十分後に水泳があります。水泳では二百メートルを自由形で泳ぎ、その三十分後に馬術が始まります。そして最後にコンバインドを行います。
二宮　一日がかりですね。
黒須　競技会場によって若干違いますが、だいたい朝七時ごろから始まり、表彰式などを含め、すべてが終了するのは、夜八時すぎです。
二宮　それは大変だ。その間、食事はどうされていますか。
黒須　タイミングをみて、途中で食べています。一応、競技会場でもランチボックスなどの食事は出ますが、消化のあまりよくないものもありますので、私は簡易栄養補給食を持参しています。
二宮　食事内容は自由に決めていいんですか?
黒須　何を食べてもいいんです。一試合で五千キロカロリーは消費しますから、たいてい、体重は一～二キロ減ってしまいます。ですので、体力を維持するためにも、常にエネルギーを補給しなければいけません。
二宮　過酷ですね。もっとも体力的につらい競技は何ですか。
黒須　やはり、最後のコンバインドです。最初のフェンシングが終わった時点で、すでに乳酸がかなり溜《た》まっています。すぐにストレッチをして、疲れを残さないようにしていますが、それでもやはり、最後のランニングでは、思うように体が動かないこともありますね。

馬術で大切な調教師とのコミュニケーション

二宮　黒須さんのお父さんも近代五種の選手でした。

黒須　父は学生時代にやっていました。私は兄と妹の三人きょうだいなのですが、父は全員に近代五種をやらせたかったようです。しかし、兄と妹は断りました（笑）。

私も水泳を頑張りたいと思っていたので、最初は断っていましたが、小学五年生のときに、父から「近代五種の育成大会に出たら、競技用の水着をプレゼントするぞ」と言われまして。それにつられて参加しました（笑）。それが最初のきっかけでした。

二宮　中学二年生から本格的に競技を始めたということですが、水泳とランニングはいいとして、フェンシング、射撃、馬術は、それぞれどのように練習していたのですか。

黒須　フェンシングについては、最初は自宅で父に教えてもらっていました。その後は、自宅近くにある高校のフェンシング部に通って練習していました。

二宮　では射撃の練習は？

黒須　十八歳にならないと銃の免許がとれないので、免許をとるまでは自宅の庭を使って、BB弾（電動あるいはガス式のエアガン）で練習をしていました。

二宮　馬術は、馬に乗る機会もそうなかったでしょうから、競技に出られるレベルにまで持っていくのは相当大変だったのでは？

黒須　馬で歩く練習までは楽しかったのですが、駆け足や障害（飛越）の練習のときは、さすがに怖かったですね。初めて落馬したときの怖さは忘れられません。

二宮　馬との相性もあると思います。競技用の馬は、自分では選べないのでしょうか。

黒須　主催者が用意した馬のなかから、抽選で決まるんです。どんな馬に当たるのかわからないので大変ですね。試乗場では調子よく跳んでいた馬が、試合会場に移ると駄々をこねて、スタートの鐘が鳴ると同時に私を振り落とし、柵を越えて、馬房《ばぼう》に帰ってしまったこともありました（笑）。そうなると失権で〇点なんです。

二宮　持ち点千二百が〇点になるわけですから、相当痛かったでしょう。なぜ、その馬は急に機嫌が悪くなったのでしょうか。

黒須　試合会場のコースで練習した際、調教師がそ

騎乗する馬は抽選で決まる。どんな馬も乗りこなす高度な技術が必要とされる

の馬を鞭《むち》で何度もたたいたようなんです。馬はそれを覚えていて、怖くなって試合会場に入りたくなかったんだと思います。

二宮　試合中にニンジンを食べさせ、なだめるわけにはいきませんか（笑）。

黒須　ハハハ。駄目ですね（笑）。面白いもので、馬はニンジンを食べさせてもらうときは、かわいい顔をするのですが、乗った瞬間にコロッと変わるんです。さっきニンジンをもらったけど、絶対に跳ばないよ、といった感じになる。

二宮　どんな馬に当たるのか。運の要素も大きいですね。

黒須　そうですね。ですから、どんな馬でも乗りこなせるように、練習量と経験値を増やすことを大切にしています。最近は、かなり馬のメンタルをコントロールできるようになってきたので、どんな馬でも無難にゴールできるようになってきました。

二宮　調教師とのコミュニケーションも必要なのでは？

黒須　そうですね。調教師と話ができるようにしておくと、「この馬はこういうふうに乗ればいいよ」とアドバイスをもらえるので大きいですね。

メンタルの強さを要するコンバインド

二宮　コンバインドでは射撃とランニングが行われますが、どのようにして競うのですか。

黒須　射撃をして千メートル走る。これを三回繰り返し、合計で三千メートル走ります。射撃では、十メートル先の円形の的に五回当てれば走り出すことができます。射撃の制限時間は七十秒で、その制限時間を超えれば、五回当たっていなくても走り出すことができます。要は、射撃の時間を少しでも短くして、ゴールまでのタイムを短くすることが大事なんです。

二宮　撃つ瞬間は当然、呼吸を止めますよね。千メートル走ってからだと、相当、呼吸が乱れているのでは？

黒須　通常、射座《しゃざ》に到着するときには、脈拍が二百ぐらいまで上がっています。なので、私の場合、だいたい八百〜八百五十メートルを全力で走り、射座に到着する手前でスローダウンして、呼吸を整えながら射座に向かうようにしています。

二宮　やはり、うまく

射撃とランニングを行う「コンバインド」

的に当たらないと焦りますよね。
黒須　当たった数だけランプが点灯するので、隣の選手の状況がわかるんです。自分が一つしか当たっていないのに、隣が三つ四つと当たっていれば焦りますね。集中力と技術のほかに、精神的な強さも求められます。

緻密《ちみつ》な計算が勝負の分かれ目

二宮　最終的に、五つの競技はどのように採点されるのでしょうか。
黒須　ちょっと複雑でして……。最初のフェンシングでポイントが出て、それに水泳と馬術で出たポイントも加算されます。そして、コンバインドの前に、これまでのポイントから秒数を算出し、その秒数のハンディキャップをつけて、コンバインドをスタートするのです。そして、コンバインドで、一番にゴールした人が、優勝となります。
二宮　計算が大変そうですね。
黒須　そうなんです。ほかの選手の力をよく理解し、コンバインドまでに何ポイントとっておく必要があるのかを正確に計算しながら、競技を進める必要があります。
二宮　それこそ計算間違いをしたら命とりになる。
黒須　六位入賞を果たした二〇一一年のアジア選手権でも、三種目が終わった段階で、私の下の順位に、走るのがとても速い選手がいました。ですから、彼女に抜かれないようにするために、何秒

競技の最初に行われるフェンシング

の差をつけて、ランニングでは何秒で走らなければならないのかを、常に計算していました。
私はランニングが苦手なので、そこで抜かれないためには、フェンシングと水泳でポイントを稼ぎ、馬術も無難にこなして、上位でコンバインドに入りたい。そうした作戦を、試合前日から練っています。

二宮　計算をしながらの駆け引き。ここが近代五種の難しさであり、魅力でもありますね。

一般の立場で出場、競技普及への思い

二宮　五種目もありますから、練習場や指導者もそれぞれ必要なのでは?

黒須　現在、フェンシングの練習は、東京都内のスポーツセンターで行い、そのほかの四種目については、茨城県内のそれぞれの練習場で行っています。フェンシングと水泳、馬術にはコーチはい

ますが、射撃とランニングは自分で練習しています。

二宮　高校を卒業して、そのまま競技生活に進まれたわけですが、大学や企業に所属して競技をするという道は考えませんでしたか。

黒須　当初は大学進学も考えましたが、勉強と競技をどちらもやろうとすると、両方とも中途半端になりそうだったので、競技に集中できる環境を選びました。

二宮　日本では、自衛隊体育学校が近代五種の拠点になっていますね。

黒須　はい。実際に女子選手の何人かは、自衛隊体育学校で練習しています。もちろん、その選択肢もあったのですが、そうすると、自衛隊や警視庁の所属でなければできない競技だと思われるのではないかと考えました。私が一般の立場から五輪に出場することで、競技人口の裾野《すその》を広げたかったんです。

二宮　近代五種は体力勝負でもあります。食事管理、栄養管理も自分でしているのでしょうか。

黒須　はい。エネルギー消費量と摂取量を全部計算して食事をとるようにしています。

二宮　カロリー消費量が大きい分、しっかり食べる必要があるかと思いますが、食べすぎると体の切れが悪くなる。バランスが重要になりますが、体脂肪率はどれくらいがベストでしょうか。

黒須　選手によって異なりますが、私の場合、ランニングだけを考えれば、体脂肪率一〇％ぐらいが理想です。ただ水泳の場合、体脂肪率が低いと浮きづらくなりますので、一五％ぐらいがベストですね。一〇〜一五％ぐらいを、うまくバランスをとりながら調整しています。

二宮　最後に、ロンドン五輪での目標を教えてください。

黒須　世界ランキング上は上位ではありませんが、なんとか五輪では十位前後を目指して、頑張りたいと思っています

二宮　パフォーマンスが上がれば、入賞も不可能ではないのでは？

黒須　ランニングのタイムを上げられれば、世界のトップ選手とも戦えるようになると思っています。

（『第三文明』2011年9月号掲載）

取材後記

魅力あふれるスポーツを知らしめる使命

近代五種は、欧州では〝キング・オブ・スポーツ〟と称されているにもかかわらず、日本ではほとんど馴染《なじ》みがないマイナースポーツである。だが今回の黒須選手の話から、実に興味深い競技だと感じてもらえたのではないか。朝から一日かけて五つもの競技をこなす、各種目の結果をポイント化し、複雑な計算をしながら上位を目指すといった点は他の競技にはない魅力だろう。

ぜひ、この競技の知名度を日本でも上げてほしいところだが、そのためにはまずトップ選手が結果を残すことが大切になる。五輪は競技への注目度が集まる格好の舞台だ。前回の北京五輪で太田

雄貴選手が男子フルーレで銀メダルを取ったフェンシングがその典型的な例だろう。黒須選手に限らず、マイナースポーツの選手たちはみんな、多くの人にその魅力を知ってもらいたいと日々、願っている。

マイナースポーツは、競技を続けていくこと自体が大変だ。まず練習環境が限られている。競技団体の資金も潤沢《じゅんたく》ではないため、海外遠征をしようにも自己負担になるケースが少なくない。経済的な土台や支援がないと、世界と互角に戦うことはできない。結果が出なければ注目されないため、そういった苦しい現状にスポットライトが当たることはなく、ますます悪循環に陥る。

その意味で、黒須選手には近代五種のみならず、日本のマイナースポーツに光を当てる大きな使命を担っている。彼女のような立場の選手が頑張ることで、マイナースポーツをより多くの人たちが支える仕組みができれば、この国のスポーツの未来は明るいものとなるだろう。

彼女は二十歳とこれからの選手である。今後、大舞台を何度も経験することだろう。ロンドン五輪、その四年後、さらにその四年後と、どう進化を遂げるか定点観測していきたい選手の一人だ。

vs3.

岸川聖也

「日本卓球悲願の五輪メダル獲得へ！」

きしかわ・せいや

1987年、福岡県生まれ。仙台育英高校に入学後、夏のインターハイでシングルス3連覇を達成する。高校卒業後、本格的にドイツに渡る。現在、ブンデスリーガ1部でプロ卓球選手として活躍中。国際大会では2009年世界卓球男子ダブルス銅メダル、11年世界卓球混合ダブルス銅メダルなどの成績を収めている。08年の北京五輪に続き、ロンドン五輪でも日本代表に選ばれている。

中学三年生から
ドイツのチームで活躍

二宮清純　まずは、ロンドン五輪代表決定、おめでとうございます。

岸川聖也　ありがとうございます。

二宮　岸川選手はこれまで、数多くの国際大会に出場されていますが、やはり五輪の舞台は特別でしょう？

岸川　そうですね。四年に一度しか行われない大会で、しかも、あらゆる種目の一流選手が集まってきますから、独特の雰囲気があります。

二宮　そもそも、岸川選手が卓球を始めたきっかけは？

岸川　両親が卓球をやっていました。その影響で兄が卓球を始め、僕も兄に続いて、五歳のときに始めました。

二宮　卓球が得意だという自信を得たのは？

岸川　小学一年生のときです。全日本選手権の小学校一・二年生の部に出場しました。僕にとって

北京五輪に続き、２大会連続の五輪出場を果たした

初めての公式戦でしたが、二位になったんです。そして翌年（二年生のとき）の大会では、優勝できました。大きな自信になりましたね。

二宮　それ以降は卓球一筋？

岸川　いえ。実をいうと、サッカーをやりたかった（笑）。ところが、自宅のすぐそばに卓球練習場があったので、毎日、親に連れられて通っていました。卓球をやるしかない状況でしたね（笑）。

二宮　中学卒業後は、親元を離れ、卓球の名門・仙台育英高校に進みました。高校時代には、夏のインターハイで、シングルス三連覇を達成していますね。これまで、インターハイの男子シングルスで三連覇を達成したのは、吉田海偉《かいい》選手（二〇〇四年に中華人民共和国から日本国籍を取得。中国名は宋海偉）と岸川選手だけです。それだけの活躍をすれば、当然、いくつかの強豪大学から誘いがあったと思いますが、高校卒業後はドイツに渡りましたね。

岸川　実は、中学三年生のときから、ドイツのプロのクラブチームで活動していました。きっかけは、日本のジュニアナショナルチームのコーチがドイツを拠点にしていた方で「ドイツでやったほうがいい」と勧めてくれたことです。所属チームまで探してくれました。

二宮　ということは、仙台育英高時代は、ほとんどドイツでの生活だったと？

岸川　そうです。ドイツでは卓球のシーズンオフに当たる四月から九月は、日本に戻って活動し、シーズン開始前にドイツに渡る生活でした。

二宮　中学三年生でいきなりドイツに行くのは、かなり心細かったのでは？

岸川　正直、不安でしたね。初めはドイツ語も話せませんでしたし。幸い、先輩と二人で行ったので、多少、寂しさは軽減されました。

二宮　最初に所属したチームは？

岸川　デュッセルドルフです。最初の一年間は三部（リーグ）でプレーし、次の三年間は二部。そして、高校を卒業したとき一部のクラブに移りました。

二宮　ドイツと日本の卓球では、どういった違いがありますか。

岸川　ドイツで活躍する選手は体が大きく、パワーがすごいんです。そして、回転数の多い球をどんどん打ってきます。しっかり打ち返さないと、ラケットが吹っ飛ばされそうな感じになります。

二宮　しかも体が大きいとリーチが長く、離れた球も打ち返しやすい。やはりリーチの長さも有利に働くのでは？

岸川　多少、関係はありますが、単にリーチが長ければいいということではありません。体が大きいと動きが鈍くなりますし、ミドル（体の真ん中あたり）を狙われると、腕が窮屈になるので、そこが弱点になります。

先制攻撃で主導権を握ることが大事

二宮　岸川選手がドイツに留学したのと同時期に、二つ年下の水谷隼《じゅん》選手もドイツに渡りましたね。水谷選手とはダブルスを組んで、何度も優勝に輝いています。〇四年には世界ジュニア選手権で優勝。〇七年には全日本卓球選手権を制し、そこから一二年まで五度の優勝を成し遂げました。もう水谷選手との呼吸はバッチリでしょう。

岸川　ずっとやっているので組みやすいですね。それに僕は右利きで水谷君は左利きなので、動きやすいんです。通常、同じ利き腕同士が組むと（交互に打つルールのため）常にお互いがぐるぐるまわって、ポジションを変えるようになる。その際にぶつかりやすいんです。しかも、パートナーの体が壁になって、一瞬、球を見失うこともあります。その点、僕たちは利き腕が逆なので、動きが重ならず、スムーズに打てます。

二宮　なるほど、その意味でも理想的なペアなんですね。その水谷選手とは、一一年七月に行われた「荻村杯《おぎむらはい》ジャパンオープン」のシングルス決勝で当たりましたね。結果は四対一で岸川選手の勝利でした。この試合では、どういったことを意識していま

世界卓球2011での岸川選手と水谷選手(左)　写真：ロイター／アフロ

したか。

岸川　水谷君が決勝に残ることは当然なのですが、僕が決勝に出る機会はそう多くないので（笑）、思いっきりやるしかない、と考えていました。何より、海外の強い選手がたくさん出場していたなかで、日本人同士で決勝を戦えたことが、本当にうれしかったですね。

二宮　ちなみに水谷選手は多彩なサーブが武器です。あのサーブへの対応が、勝敗を決めるのでは？

岸川　どうやってサーブレシーブするのかを、いろいろと考えました。決勝では思った以上にうまくできましたし、水谷君もあまりサーブの調子がよくなかったみたいです。短いサーブを打とうとして、長くなっていましたから。これだと相手が打ち返しやすいので、絶好の攻撃チャンスを与えてしまいます。

二宮　短いサーブとは、自分の位置からボールの着地点までの距離が短く、相手からすれば遠くて打ち返しにくいところに落とすということですね。

岸川　そうです。緊張の度合いが高いと慎重になって、サーブが長くなりがちです。卓球で大事なのは先制攻撃で主導権を握ること。だからサーブとサーブレシーブの出来が勝敗のポイントになります。

二宮　卓球は室内競技とはいえ、気温や湿度が時期や会場によって異なります。それらが打球に影響することは？

岸川　暑いと球が膨張し、弾《はず》みやすくなるので、サーブが思ったところに行かなくなります。それに、観客が多いと室内の気温とともに湿度も高くなるため、回転がかかりにくくなるのです。湿ると、どうしてもラケットのラバー（表面）が滑りやすくなります。北京五輪のときも熱気がすごかったので、それを踏まえてサーブを打っていました。

ジャパンオープン・荻村杯 2011 男子シングルスで優勝する
写真：杉本哲大／アフロスポーツ

二宮　卓球は実に繊細な競技ですね。ラケットをちょっと見せてもらっていいですか。（岸川選手のラケットを手にとって）当然、特注ですよね。

岸川　はい。選手それぞれの好みに合わせて、ラバーの硬さを決めています。硬さはラバーの重さで変わるので、注文するときは、グラム単位までしっかり指定しています。

二宮　ラバーはどれくらいで取り換えるものですか。

岸川　練習だと一〜二週間使いますが、試合ともなると一〜二日で換えることもあります。同じ種類のラバーを注文していても、使ってみると微妙に感触が異なることもあるので、何本もラケットを用意しておいて、試合前に一番いいラバーを選ぶ人もいますね。

毎日、メダリストと練習できる喜び

二宮　岸川選手は現在、ドイツのルーアシュタット・ヘルネというチームに所属しています。現地で拠点にしている場所は？

岸川　ずっとデュッセルドルフに住んでいます。ライン川の近くで、日本の企業が多く、日本人もたくさん住んでいます。

二宮　そうすると日本食レストランもあるでしょうから、あまり不便はないのでは？

岸川　そうですね。生活にも慣れましたし、ドイツ語は相変わらずあまり話せませんが（笑）、英語で話せば問題ありません。

二宮　気分転換にはどんなことを？

岸川　ドイツにいるときは、卓球以外に、ほとんどすることがないんです。チームには僕以外に日本人はいませんし、休みをもらっても逆に困ってしまう（笑）。日本にいるときは友達と遊びに行ったりすることが気分転換になるのですが、ドイツでは卓球をしているときが、一番楽しい時間ですね。

二宮　ドイツに行ってよかったことは？

岸川　コーチの配慮で、中学生、高校生のころから、一部（リーグ）に所属する高いレベルの選手と練習をさせてもらっていたことです。日本では一般的に、同じ年代の相手としか練習しないのですが、ドイツでは世代の異なる選手や世界大会でメダルを取った選手とも、毎日同じ場所で練習できます。

中国の強さは選手層の厚さ

二宮　そのドイツをしのぐ卓球王国といえば中国です。中国人はドイツ人に比べると体格は大きくないし、日本人に近い。強さの秘密は何でしょうか。

岸川　一言でいうと、選手層の厚さだと思います。卓球人口が多く、それに比例して強い選手もたくさん出てくる。国内にいても強い選手と練習や試合ができる機会が多いので、どんどんレベルアップしていけるのだと感じています。

二宮　中国といえば、かつて前陣速攻《ぜんじんそっこう》（台から離れず前陣に張り付き、バウンドの直後や頂点のタイミングで素早く打ち返して攻撃すること）が有名でした。いまも攻撃中心のスタイルですよね。

岸川　とにかく攻めが速くて弱点は見当たりませんね（笑）。速いだけではなく、サーブ、サーブレシーブのうまさも持ち合わせているので、勝つのは大変です。正直、中国の選手

世界卓球 2011 で、福原選手とのペアで銅メダルを獲得した　写真：アフロ

と対戦するときは、どこを攻めればいいのかわからなくなることがあります。とにかく試合ごとになんとか弱点を見つけ出し、そこを突いていくしかありません。

二宮 中国でも活躍していた福原愛選手とは、混合ダブルスを組んで一一年の世界卓球選手権では銅メダルを獲得しました。これは日本勢では三十四年ぶりの快挙です。

岸川 愛ちゃんは昔からよく知っていますし、とても組みやすいですね。

二宮 岸川選手や水谷選手、福原選手など、みんな小さいころから卓球を始めていますね。やはり大きくなってから急に始めても、世界レベルに到達するのは難しいのでしょうか。

岸川 正直、難しいと思います。小学校高学年から始めても遅いほうでしょう。いま活躍している選手は大半が、小学校低学年のときから、その年代のチャンピオンになっています。

二宮 なるほど。箸を扱うように、ラケットも小さいころから扱うほうがいいんでしょうね。

岸川 そう思います。

ロンドンではメダルを

二宮 最後に、ロンドン五輪の目標を聞かせてください。

岸川 メダルを取りたいですね。前回の北京五輪は初めての出場ということもあり、正直、出ただけで満足してしまった面がありましたから。

二宮 メダル獲得の可能性がもっとも高いのは、やはり団体戦?

岸川　そうですね。現在、世界でもっとも強い国は中国で、次にドイツ、韓国と続き、日本は四番手ぐらいです。上位の一カ国を倒せば、メダルの可能性はあります。四年に一度しかないビッグチャンスですので、持てる力のすべてを勝利のために使っていきたいです。

二宮　やはり、この四年間は長く感じましたか。

岸川　はい。たとえば、全日本選手権で優勝を逃しても、また来年に向けて頑張ろうと思えます。でも、五輪の場合は、そうじゃない。次の四年後はどうなるかわからないですから、そのときに勝つしかない。それをこの四年間で思い知りました。

（『第三文明』２０１１年10月号掲載）

取材後記　オンリーワンの技術で世界に勝つ

数多くのスポーツを取材してきて、日本人選手が世界で勝つための一つの拠り所は、技術であると感じる。フィジカル面では体格の差もあり、世界と互角に戦うレベルに到達するのは簡単ではない。しかし、日本人には俊敏性や器用さがある。これらを武器にすれば、世界と渡り合うことができるのだ。

古くは塚原光男さんの月面宙返り、野茂英雄さんのトルネード投法、荒川静香さんのイナバウアーなど、日本人選手が世界に勝った時、新聞の大見出しを飾るのは、こうしたきらりと光る「オンリーワンの技術」であった。

岸川選手もまさに〝匠《たくみ》の人〟である。普段は口数が少なく、おとなしい印象を受けるが、技術へのこだわりはきわめて強い。随所に無口な職人というイメージを漂わせている。

よくよく考えれば、卓球ほど日本人になじみのあるスポーツは少ない。温泉旅館には卓球台が置いてあるし、体育の授業や部活動で卓球のラケットを握った人は多いだろう。しかも小さなお子さんからお年寄りまで幅広く楽しむことができる。少子高齢化が進み、健康意識が高まる今後の日本においては、時代のニーズに合った競技とも言える。

それゆえ、きっかけさえあれば、もっと人気を得る可能性があると私は思っている。その一つは、やはり今回の五輪だろう。悲願でもあるメダル獲得ができれば、間違いなく卓球ブームが起きると見る。

卓球は、グローバル化がいち早く進んでいる競技でもある。いまでこそ、野球やサッカーの選手がどんどん海外に進出しているが、卓球は対談の中で岸川選手が語ったように、若い頃から海外へ留学し、腕を磨く。選手がその国で活躍するために帰化するケースも少なくない。誰もが気軽にでき、かつ世界的な広がりを持つ卓球で、岸川選手をはじめとする日本勢がどんな〝ワザ〟を見せるのか。ロンドンで注目すべき競技の一つである。

vs4.

森岡紘一郎

「人生を見つめる50㎞」

もりおか・こういちろう

1985年、長崎県生まれ。長距離を専門にしていたが、諫早高校2年のとき、競歩に転向。その後、順天堂大学に進学し、2005年の世界陸上ヘルシンキ大会に初出場。以降、世界陸上は4大会連続で出場している。富士通に入社した08年には、北京五輪20㎞競歩の代表に選ばれる（16位）。世界陸上大邱大会の男子50㎞競歩では、日本人トップの6位入賞を果たし、ロンドン五輪代表に決定した。

作戦どおりだった世界陸上

二宮清純　ロンドン五輪代表決定、おめでとうございます

森岡紘一朗　ありがとうございます。

二宮　五輪出場は北京大会に続いて二回目ですね。前回は二十kmに出場して十六位に終わりましたが、ロンドンでの目標は？

森岡　やはり表彰台に上がることですね。

二宮　五輪出場を決めた韓国・大邱《テグ》での世界陸上では六位入賞。表彰台に立つ姿がおぼろげながらも見えてきたのでは？

森岡　もちろん、これまでもメダルを目指して頑張ってきましたが、心のどこかに〝（メダルまでは）まだ遠いんじゃないか〟という思いがあったんです。でも世界陸上で、六位という結果を出せたことで、ぼんやりとしていたメダルがはっきりと見えるようになってきました。

二宮　ところで、森岡選手が陸上競技を始めたころは長距離の選手だったと聞きました。

森岡　中学校では三千m、高校では五千mと一万m。駅伝にも出場していました。

ロンドン五輪競歩で日本人初の表彰台を目指す

二宮　競歩に転向したのは？

森岡　高校二年の秋です。当時は長距離の記録が伸び悩み、けがも多かった。そんなとき、高校の先輩が競歩でインターハイや国体で好成績を収めている姿を見て、長距離以外にも道があるんじゃないかと考え始めたんです。

二宮　〝走る〟ことから〝歩く〟ことへの抵抗はなかったですか。

森岡　もちろん葛藤はありました。成功する保証もなかったですし。ただ新しい道を選んだからには、何としても成功しようという強い決意で取り組みましたね。

二宮　順天堂大学に進んでからは、ユニバーシアード（全世界の学生たちが集《つど》う大会）の二十㎞競歩で三位に入り、アジア大会でも銅メダルを獲得しました。

森岡　思い切って新しい道を選び、本当によかったと思っています。

競歩は歩く延長線上ではない

二宮　競歩は、ただ速歩きするだけの簡単な競技のようで、実は難しい。ルールを少し説明してもらえますか。

森岡　まず、前に振り出した足が地面に接地した瞬間から、その足が地面に対して垂直になるまで、出した足のひざは伸びていないといけません。もし曲がってしまったら「ベント・ニー」という反則が与えられます。

二宮　実際にやってもらっていいですか。そのほうがわかりやすい。

（実演を見て）なるほど……。人間は普通、ひざを伸ばしたままでは歩きませんよね。マラソンや長距離走は、〝走る〟動作の延長線上にありますが、競歩は〝歩く〟動作の延長線上とは異なる競技ですね。

森岡　別物です。慣れないと非常に難しいと思います。

二宮　そのほかのルールは？

森岡　常にどちらかの足が地面に着いていなければなりません。両足が地面から離れると「ロス・オブ・コンタクト」という反則になります。両足が離れ、体が宙に浮いた状態になると、走ったとみなされるのです。

二宮　これらの反則を沿道で審判がチェックしている。この点も陸上競技では特殊ですね。

森岡　大会では基本的に一周二〜二・五㎞のコースを周回するんですが、定点に審判員がいて、歩型を見ています。そこから「注意」や「警告」が出されます。ちなみに「注意」は明らかな違反ではなくルールに抵触《ていしょく》する動きの傾向が見られるときに、黄色のパドル（カード）が出されます。

二宮　「警告」が累積すると、サッカーのイエローカードのように、失格となりますよね。

森岡　はい。「注意」は大丈夫ですが、「警告」は累積三回で失格となります。

二宮　サッカーのレッドカードのような一発退場はありますか。たとえばゴール直前まで競っていて、ラストスパートで抜き去ろうと、思わず走っちゃったら？

森岡　それは一発で失格です（笑）。主審がその権限を持っています。
二宮　でも、選手は何が原因で「警告」を出されたのか、わからない場合もあるのでは？　事前に「注意」されていたのならわかりますが……。
森岡　いきなり「警告」が出るケースはあまりありません。まず「注意」があって、「警告」が出ることが多いですね。ちなみにひざが曲がって「注意」を受ける場合は「く」の字のようなマークが書かれた表示盤が示され、両足が離れそうであれば「W」のようなマークが書かれた表示盤が示されます。
二宮　時々、ゴール後に失格が判明して順位が入れ替わることもありますね。
森岡　三回目の警告がゴール直前に出されて、せっかくゴールしたのに失格を言い渡されることがあります。
二宮　五十km歩き終えて失格だと、ショックでしょう。
森岡　僕も高校時代に五千m

世界陸上2011で6位入賞を果たした　写真：築田純／アフロスポーツ

でしたが、一回だけ失格になったことがあります。確かにゴール後は厳しいですね（苦笑）。

もがくようにゴールへ

二宮　五輪や世界陸上の競歩では二十kmと五十kmがあり、森岡選手はこれまで、二十kmに出場することが多かったですね。ところが最近は五十kmにシフトしてきています。両方を経験しての違いは？

森岡　二十kmのレースで勝つには、まず先頭集団に入ることが鉄則になります。一方、五十kmは個々の選手の特性にもよりますが、たいてい後半で大きくレース展開が変わります。ですから先ほどお話ししたような駆け引きも重要になります。どの選手も三十五kmから四十kmあたりがとても苦しくなるので、そこまでいかに余力を残しておくかが重要です。

二宮　スピード勝負になると外国人とのフィジカルの差が出てしまいます。森岡選手が世界陸上の五十kmで六位入賞を果たしたように、日本人は五十kmのほうがチャンスがあるのではないでしょうか。

森岡　長距離走でも、日本人は五千mや一万mより、マラソンのほうが世界で結果を残しています。スピードよりも持久力を重視する種目のほうが合っている。この傾向は競歩でも同じです。僕も五十kmのほうが、メダルを目指しやすい気がしています。

二宮　トップ選手になると、歩くスピードはどのくらいでしょうか。

森岡　時速十三～十四kmくらいです。一kmあたり約四分三十秒。二十km競歩になると一km四分を切りますね。ちなみに百mだけなら十六秒くらいで歩けると思います。

二宮　それは速い！　普通のジョガー（ジョギングする人）であれば、追いつけないスピードです。ただ競歩は、走るように一気に加速はできない。相手に離されるときは、徐々に背中が遠くなっていく。これは精神的につらくないですか。思わず、背中を引っ張りたくなったりとか（笑）。

森岡　アハハハ。確かにもどかしさはありますよ。ただ、そこで焦ってしまうと、歩型を乱してルール違反になるリスクが高いですから、冷静になるように心がけています。

二宮　ここまでの話を聞いていると、競歩はメンタル面が大きなウエートを占めることがわかりました。抜かれてもカッとなったら駄目ですね。気持ちを落ち着かせ、勝負どころを見極めて我慢する。何よりも忍耐強さが問われます。まさに自分との闘いですね。

森岡　この前の世界陸上でも、先頭集団から離されていったとき、体力的にはまだまだ余裕があったので〝このまま一ついていきたい！〟と思ったんです。しかし、そこで我慢できたからこそ、入賞という結果を得られたと思っています。

二宮　競歩のレースは人生の縮図ですね。勝負どころは二十代、三十代じゃなく、五十代、六十代なんだと。

森岡　ええ。やはり最後の勝負が肝心です。競歩を始めてから自分の性格も変わりました。よくも悪くも冷静に物事を見る習慣がついています。目先のことだけではなく、リスクも考えて長期的な視野を持つようになりましたね。

二宮　競輪ではゴール前で、全力でペダルを踏むことを「もがく」と言います。競歩も最後はみんな腰をくねらせて、もがくようにゴールしていますね。

森岡　最後は、もう体が動くか動かないかギリギリのところでやっています。マラソンでは力が尽きた場合、歩き出すことがありますが、競歩では疲れたからといって普通に歩くと「ベント・ニー」の反則がとられるので、それさえできません。非常に過酷な競技です。

仮想ライバルをつくる

二宮　普段はどのような練習を？

森岡　多くの選手は、五十㎞レースの前には週に一、二回、五十〜五十五㎞を歩くトレーニングを入れます。そして一回、長距離を歩くと、次の日から二、三日はインターバルをもうけ、その後、再び高負荷の長距離トレーニングをするスケジュールです。

ただ僕の場合は、四十㎞を一本歩いた次の日も五㎞を三、四本歩くようにしています。インターバルは入れません。これは、連続して負荷をかけることを重要視しているからです。

二宮　完全休養日を設けなくて、疲労が蓄積することはありませんか。

森岡　慣れという表現が適切かどうかはわかりませんが、そうした方法を日常的にとり入れていくと、それほどストレスとして感じなくなるんです。

二宮　長い距離をひたすら歩く練習は、単調になりがちです。どうモチベーションを保つのでしょ

ロンドン五輪ではさらなる活躍が期待される　写真：築田純 / アフロスポーツ

う？

森岡　それは、いろいろと工夫しています。僕は河川敷《かせんじき》で練習することが多いので、同じくらいのペースで走っている一般のジョガーを見つけては〝あの場所までに抜いてやろう〟とか、その時々で目標を設定するようにしています。

二宮　仮想のライバルをつくるわけですね。

森岡　そうやってジョガーを抜き去ると、今度は後ろからついてこられることもありますが（笑）。

二宮　五十km も歩くとなると、カロリーをものすごく消費するはずです。食事はどうされていますか。

森岡　スタート前と後では、体重がだいたい二～三キロ減っています。トレーニングでもかなりのエネルギーを消費するので、脂質、タンパク質、炭水化物を十分とるように心がけています。

二宮　五十km だと三時間三十分以上、歩き続けます。腰と臀部《でんぶ》（おしり）の筋肉も鍛えないと、長時間、上体を支え切れませんね。

森岡　僕は臀部の筋肉は強いと思います。でも、筋肉がつきすぎると重くなってしまい、よくありません。小さく引き締まった強い筋肉にすることが大事ですね。

増えている競歩人口

二宮　一般の人の歩幅は一メートルくらいだといわれていますが、背が高い（一八三センチ）森岡選手の歩幅はもっと広くなるのでしょうね。
森岡　大体一メートル四十センチくらいです。
二宮　かなり広いストライドですね。五十㎞で計算すると……。
森岡　正確に数えたことはないんですが、四万何千歩ってところだと思います。
二宮　それだけ歩くとシューズも一回のレースで履《は》きつぶしてしまうでしょう。
森岡　次のレースでも履けないことはないんですが、僕は毎回新しいシューズで臨んでいます。
二宮　好タイムを出すには、当然、自分に合ったシューズが不可欠ですね。足型を取り、そのデータに沿って特注でつくられているシューズであっても、それで長距離を歩くのは初めてになります。シューズが合わなかったりした経験は？
森岡　大きな失敗はありませんが、五十㎞のレースを始めたころは、スピードを出すために、反発力を強くしたソール（靴底）の硬い二十㎞用のシューズをそのまま履いていました。
　ところが、五十㎞でそれを使っていると足への負担が大きく、最初のころは故障も多かったんです。そこでメーカーさんと相談して、ソールが厚くクッション性の高いシューズに替えて使っています。
二宮　マラソンでは過去に、多くの有力選手が、シューズが原因でいいパフォーマンスができなかった例があります。マラソン以上に長時間のレースになる競歩ではシューズは特に重要になる。ちなみにラバーはどうなっていますか。

森岡　形は市販のものに近いのですが、スポンジの部分を好みの硬さや厚さに替えてもらっています。やはりロード種目なので、雨が降れば滑りますから、少しグリップ力のあるシューズになっています。

二宮　今後は現地ロンドンの路面状態を考慮し、メーカーと相談しながら五輪仕様のシューズに仕上げていくわけですね。

森岡　いま履いているシューズが非常にいい感触なので、このシューズをベースに、若干、微調整を加えようと思っています。

二宮　なるほど。ちなみに、いま日本の競歩の競技人口はどれくらいですか。

森岡　正確な数はわかりませんが、確実に増えています。これまでは高校生以上が参加する大会しかありませんでしたが、最近は中学生が参加する大会も増えてきました。

二宮　森岡選手がロンドン五輪で表彰台に上ったら、競技人口が一気に増えるかもしれません。

森岡　そうですね。やはり競歩の魅力を知ってもらうためにも、結果を出したいです！

（『第三文明』２０１２年１月号掲載）

取材後記

厳しい制限の中で戦う競歩は人生そのもの

競歩は、実に不思議な競技である。人間、歩くことはあっても、競歩となるとレースの経験がある人はほとんどいない。市民マラソンはあっても、市民競歩はない。つまり、競歩と歩くことはまったく別物なのだ。

言うまでもなく歩く行為は、日常生活における移動手段の一つである。A地点に行くためには、電車か車か自転車か、あるいは徒歩のどれかを用いればいい。ところが競歩は、〝歩く〟こと自体が競技の目的となっているのだ。

対談の中でも話題になったが、両足が地面から離れた時点で〝走った〟とみなされて違反となるなど、競歩には制限が多い。日常であれば、早く目的地にたどり着きたければ、必然的に人間は走るわけだが、それが許されないのだ。

喜びや悲しみなど大きな感情に包まれたとき、人間は歩くよりも走る。走って感情を発散させる。つまり、走るという行為には、一種の精神を解放させる働きもある。スピードを追求するにもかかわらず、走ることは許されないのだから、これほど禁欲的な競技は他にない。

しかし、こうした厳しい制限の中で己と戦いきった時、経験者にしか体感できない快感、カタルシスのようなものが生まれることは想像に難くない。対談の中で、競歩は人生に似ているという話になったが、まさに人生は制限だらけだ。思うようにならないことばかりである。しかし、その制限の中でもがき苦しみながらゴールした時、初めて人は貴重なものを得るのかもしれない。

こうした困難な戦いを乗り切るには、目の前の状況に一喜一憂してはならない。たとえ他の選手に抜かれてもムキになってペースを乱すのではなく、じっと耐え、再逆転の機会をうかがう。我慢と忍耐の極致のような競技だけに、そこに人間の精神の深淵を見る思いがする。

瞬時に世界へ情報発信ができ、どこへでも飛び回れる現代において、厳しい制限の中、五十キロも歩く原始的な競技に、かえって不思議な魅力を感じるのはなぜなのか。もっとも不精な私などは、五十キロを歩いて失格を言い渡されたりしたら、絶望感でその場にへたり込んだまま、二度と立ち上がることはできないだろう。

vs5. 上田　藍

「大舞台でこそ冷静に、前向きに」

うえだ・あい

1983年、京都府生まれ。シャクリー・グリーンタワー・稲毛インター所属。4歳から水泳を始め、中学校では水泳部に所属。高校3年の夏、トライアスロン大会に初出場し、優勝する。高校卒業後、千葉県の稲毛インターで本格的に競技を開始。2005年にはジャパンランキング1位を獲得。08年のアジア選手権で優勝し、同年の北京五輪に出場（17位）。ロンドン五輪でも活躍が期待されている。

時速三十キロで側溝に転落

二宮清純　ロンドン五輪への出場、おめでとうございます。

上田藍　ありがとうございます。

二宮　北京五輪では十七位という結果に終わりました。これをどう受け止めましたか。

上田　不本意でしたね。いま思うと五輪に出場することに比重を置いていて、メダルを取るためにはどうすればいいのかを、あまり考えていなかったように思います。

二宮　北京五輪のレースでの具体的な反省点は？

上田　スイムでは、先頭との差をなんとか四十秒以内に抑え、バイクでトップ集団に追いつくというプランを立てていました。そこまではプランどおりだったんです。

ところが〝誰かが（トップから）抜け出すだろう〟と思い、バイクでは前のほうで走り続けていたんですが、結局、誰も抜け出さなかった。そのことで思った以上に疲労し、得意とするランで力を

２大会連続の五輪出場で金メダルを目指す

発揮できませんでしたね。
二宮　前方で走ると風の影響を強く受けますからね。
上田　ええ。レース状況を早めに見定めて、ランにできるだけ力を残しておけばよかったんですが……。せっかく勝負できる位置につけていたのに、少し冷静さを欠いていましたね。
二宮　上田選手は、二〇一〇年、練習中に大けがをされたそうですね。
上田　自転車の練習中に道路の側溝に落ちて、頭を打ち、意識を失ってしまいました。
二宮　いったい、どういう状況で事故が起きてしまったんでしょうか。
上田　あれは坂道を下り切った後の直線の平地でした。時速三十キロくらい出したまま、幅二メートル、深さ二メートルくらいの側溝に転落して、頭をコンクリートにぶつけてしまったんです。
二宮　意識を失った後は？
上田　農作業中のおじさんが発見してくれ、私を側溝から引き上げて、救急車を呼んでくれました。頭を切っており、体全体が血だらけだったようです。ヘルメットをしていなかったら、命の危険もあったと思います。
二宮　記憶はどのあたりからなくなってしまったんですか。
上田　実は、落ちる百～二百メートルぐらい前からないんです。落ちるまさにその瞬間に〝怖い！〟と思ったのは覚えていますが、その直前の記憶もありません。落ちた後、何度も名前を呼ばれていたのは覚えていて、いやに何回も名前を聞かれるなとは思っていました。おそらく走りながら、しばらくの間、眠ったような状態になっていたのだと思います。

二宮　原因は何でしょう？　蓄積疲労？

上田　おそらくそうだと思います。その日まで、かなり過密なスケジュールで動いていましたから。その年は三月にメキシコで三週間のトレーニングを行い、その後、日本に一時帰国して、オーストラリアのシドニーで開催された世界選手権シリーズに参戦。そして日本に戻ってきた後、再びメキシコに渡ってワールドカップに参戦し、帰国した翌日に事故が起こりました。

二宮　疲労に加え、時差の影響で、体調がすぐれなかったりしたのでは？

上田　いや、それはまったく大丈夫だったんです。メキシコのワールドカップでは二位になるなど非常に調子がよく、眠さや疲れはまったく感じていませんでした。ですから、私自身も事故を起こしたことに驚いたんです。診察してくれた医師からは、「体は休めていても、脳が休めていなかったので、強制的に脳がシャットダウンしてしまったんじゃないか」と言われました。

二宮　診察の結果、けがの程度はどうでしたか。

上田　外傷性の出血があったので、傷口を四針縫いました。また、ＭＲＩ検査で外傷性のくも膜下出血が見つかりましたが、症状が治まったので手術には至りませんでした。私自身としては抜糸が済んだらすぐに練習が再開できるという感覚でいたのですが、実際に泳ぐと二十五メートルくらいで吐き気がする。初めてのことで、ちょっととまどいましたね。何とかレースに出るレベルまで復帰するのに二カ月かかりました。

私は、調子がいいときほど疲れに気づきにくいんです。あの事故以降は、体の声に耳を傾け、コーチから休むように言われたときは、完全に休養をとるようにしています。

トランジションは勝負の穴場

二宮 トライアスロンでは、トランジション（スイム→バイク→ランの切り替え）のスムーズさも重要ですよね。

上田 そうですね。もたもたしていると、時間を大きくロスしてしまいます。

二宮 いくら急いでいるからといって、バイクやヘルメットを投げ捨てるわけにはいきません（笑）。

上田 それはできません（笑）。バイクは指定の場所に前輪を差し込んで、きちんと止めなければいけませんし、ヘルメット入れも一人一個用

2011年の日本トライアスロン選手権

意されていて、そこに正しく収めないとペナルティー（十五秒停止）が科せられます。

二宮　そういった行動を速やかに行うために、選手ごとにさまざまな工夫や駆け引きがあるわけですね。

上田　たとえば、バイクからランの移行エリアが大集団になると大変です。選手がいっせいにバイクから降りて止めようとすると、その降りる手前での場所取りの激しいせめぎ合いが起こります。うまく前に進めればいいんですが、そうでない場合は順番待ちになってしまいます。

二宮　カーレースのピットインのようですね。上田選手がトランジションで工夫していることはありますか。

上田　スイムからバイクのときは、裸足《はだし》で自転車に飛び乗り、乗りながらペダルに固定されたシューズを履くようにしています。そのとき足を乗せやすくするために、シューズは水平に固定しています。また、ランニングシューズのひもをゴムにすることで、バイクからランの移行をスムーズにしています。普通の靴ひもで固結びされていると、どうしても履く際にひもを緩めなければいけないので時間のロスが生じますから。その点、ゴムひもだとスポンと靴を履けますし、走っているときは自然と足にフィットします。

二宮　そういった細やかな工夫で、ずいぶんタイムは違ってくるのでは？

上田　かなり差がつきますね。私はトランジションが得意なほうですが、昨年八月のロンドンのレースでは、七秒くらいロスをしてしまい、その間に五人ほどに抜かれました。

2011年のITU世界選手権シリーズ横浜大会で力走、8位に入る

二宮　七秒で五人も！　それは痛いですね。
上田　ところが、トランジションでロスした時間をもったいないと思っている選手と、そうでない選手がいます。
二宮　海外の選手は、そこまで細かく考えていないのでは？
上田　そうなんです（笑）。だから、トランジションは、勝負の穴場かもしれませんね。
二宮　上田選手は身長一五五センチと小柄です。他の選手とぶつかって競り合うような状況になると不利になりませんか。
上田　特にスイムが大変です。横一列に並んだ選手が一斉にスタートし、最初のブイを周る手前五メートルあたりでは選手同士が重なり合って、すごく密集します。ほかの選手のストロークが私の肩に引っかかって、そのまま沈められそうになったこともありました。沈みかかった私も相手の足をつかんでいましたが（笑）。

二宮　その状況をいかに回避するかもポイントになりますね。

上田　力では負けるので、隙間《すきま》をぬって逃げます。外側を回ると大回りになってタイムロスが生じるので、一番インの、狭い隙間をスッと突いて抜くのが私の戦略になっています。

食事は一般女性の二〜三倍

二宮　これだけ過酷なレースですと、食事がとても大事になります。

上田　一日にだいたい四千〜六千キロカロリーは取っています。一日に約八時間練習するときだと、朝に六千メートル泳いで食事をし、その後、自転車で百二十〜百三十キロ走り、また食事をとります。その後、十五〜二十キロ走って、また食事をする。そういったリズムです。

二宮　一般女性の一日に必要なカロリーは二千キロカロリー前後といわれていますから、これはすごいボリュームです。食事もトレーニングの一環ということですね。

上田　合宿中、しっかり食事をとれない選手は、練習もうまくいきません。筋肉の強さのみならず、内臓も強くないと、トライアスロンをするのは難しいかもしれませんね。

二宮　食事で特に気をつけていることは？

上田　よくかんでゆっくりと食べるように心がけています。レース前には炭水化物をとることが重要ですが、練習の時期は良質なタンパク質をとることが大事です。肉だけではなく、大豆などの植

2011 ＮＴＴジャパンカップランキングで１位に輝く

物性タンパク質や魚などもバランスよくとるようにしています。

二宮　疲労回復には休養や睡眠も大切です。

上田　最低でも八時間は寝るようにしています。休みの日は体を休めることに集中しているので、家からまったく出ないこともありますね。

二宮　トレーニングで特に鍛えている箇所は？

上田　体幹《たいかん》（体の軸を支える筋肉）トレーニングは大切にしています。〇九年からずっと続けていますが、これが実を結び始めて結果がよくなってきました。たとえばスイムでは、手や足で水を〝ひっかけて〟進むわけですが、そのためには体幹の筋力を強くし、ボディーポジションをキープする必要があります。ここの筋力が弱いと、疲れたときに力が抜けてしまい、フォームが崩れてしまいます。体幹を鍛えることで、疲れても最後までいいフォームで泳げるようになりました。そして、そのことがバイクとランにもいい影響を与えているように思います。

北京五輪の悔しい経験を糧《かて》に

二宮　トライアスロンを本格的に始めて約十年になります。これまで、やめようと思ったことは？

上田　それはないですね。ゆっくりとしたペースですが、タイムや内容が順調によくなってきているので、諦《あきら》めたり、嫌だなと思ったことはありません。

二宮　ご両親も上田選手の活躍を見てお喜びでしょう。

上田　お恥ずかしい話ですが、「（私のことを）上田家の希望の星だ」と言ってくれています（笑）。

二宮　ご両親をロンドンに招待されるのでしょう？

上田　はい。「招待するからね！」と言ったら大喜びしていました。

二宮　いよいよ五輪が目前となりました。あらためて五輪への思いを聞かせてください。

上田　四年に一度の大会で、皆がそこにピークを持っていくので、勝つのは大変です。であるからこそ、やりがいもあります。

二宮　その点、北京五輪での経験は役立つのではないでしょうか。

上田　大舞台になるほど〝勝ちたい〟という思いが先行しすぎて、冷静さを欠いてしまいます。そのことを北京五輪で学びました。ロンドン五輪では、落ち着いたレース展開で、いい結果を出したいと思います。

トライアスロンは持久力が大事なスポーツなので、三十歳前後がもっとも競技者として脂《あぶら》の乗った時期です。そういう意味では、二十八歳でロンドン五輪を迎えられるのはありがたいことです。

（『第三文明』２０１２年2月号掲載）

取材後記

ポジティブな生き方から、強さが生まれる

上田選手と初めて話をしたのは北京五輪の前だ。久々にインタビューした彼女からは、体全体から明るいエネルギーが満ちあふれていた。終始ニコニコしている。目がキラキラしている。全身ポジティブの塊《かたまり》のようだった。

取材中、彼女が見せてくれたノートには、前向きなことばかりが書いてあった。マイナスの記述はどこにもない。普通、どんなに明るく振る舞っていても、日記やノートには自分の内面をさらけ出すケースが多い。自らの弱さをポロリと吐露し、それによって心のバランスをとるものだが、それが皆無なのだ。「これを乗り越えれば、自分はもっと強くなる」と、未来に対するポジティブな言葉ばかりが並んでいた。きっと彼女は自らを鼓舞しているのだろう。

鉄人レースと呼ばれる過酷な競技を制するには、日常の練習もまた過酷にならざるを得ない。対

談中に出てきた危機一髪の事故は、自らの意思を超えて肉体の疲労が限界に達していたことが原因だと見られるが、逆に言えば、自らリミッターをはずしてしまうほど、競技に打ち込んでいた証《あかし》でもある。

いずれにしても、こうしたポジティブな姿勢がなければ、過酷な練習とレースは乗り切れないだろう。六月の代表発表会見で、上田選手は「ランは三十三分三十秒台で走らないとメダルにつながらない。(アジア選手権の)館山では三十四分七秒と自己ベストが出た。目標が見えてきた」とあくまでもメダルへ向けて前向きな姿勢を示していた。

五輪のトライアスロンで日本勢は過去五位が最高で、メダリストはいない。ロンドンでどんな結果になるかはわからないが、結果がどうあれ、彼女はレースを続けるはずだ。なぜならトライアスロンは彼女にとって、己《おのれ》とは何者であるかを問い詰める〝禅〟のようなものだからだ。

vs6. 伊藤正樹「20秒に金メダルを賭ける」

いとう・まさき

1988年、東京都生まれ。4歳のときにトランポリンに出合い、6歳から本格的に競技を始める。小学3年で第1期五輪強化選手に選ばれ、高校は練習環境の整った石川県の金沢学院東へ。現在、金沢学院大学院に在学中。圧倒的な高さと精巧な演技力で全日本選手権を3連覇するなど、数々の大会で優勝し、2009年、11年は世界ランキング1位。11年の世界選手権では個人で銅メダルを獲得し、ロンドン五輪代表に決定。

メダルを取る強い気持ち

二宮清純　ロンドン五輪代表決定、おめでとうございます。

伊藤正樹　ありがとうございます。

二宮　いまの心境はいかがですか。

伊藤　初の五輪なので正直楽しみです。ただ大きな期待を背負っていますし、勝負に行くわけですから、気を引き締めていきたいと思っています。

二宮　そもそも、伊藤選手がトランポリンを始めたきっかけは？

伊藤　兄が体操、姉が水泳とトランポリンをやっていたので、僕も幼稚園のときに、体操、水泳、トランポリンと三つの競技をやっていました。そのなかでトランポリンがもっとも楽しかったですし、向いていると感じたからです。

二宮　トランポリンが五輪の正式競技になったのは、二〇〇〇年のシドニー五輪からですね。

伊藤　当時、僕は小学六年生でした。トランポリンを続ける上でのいい目標ができました。

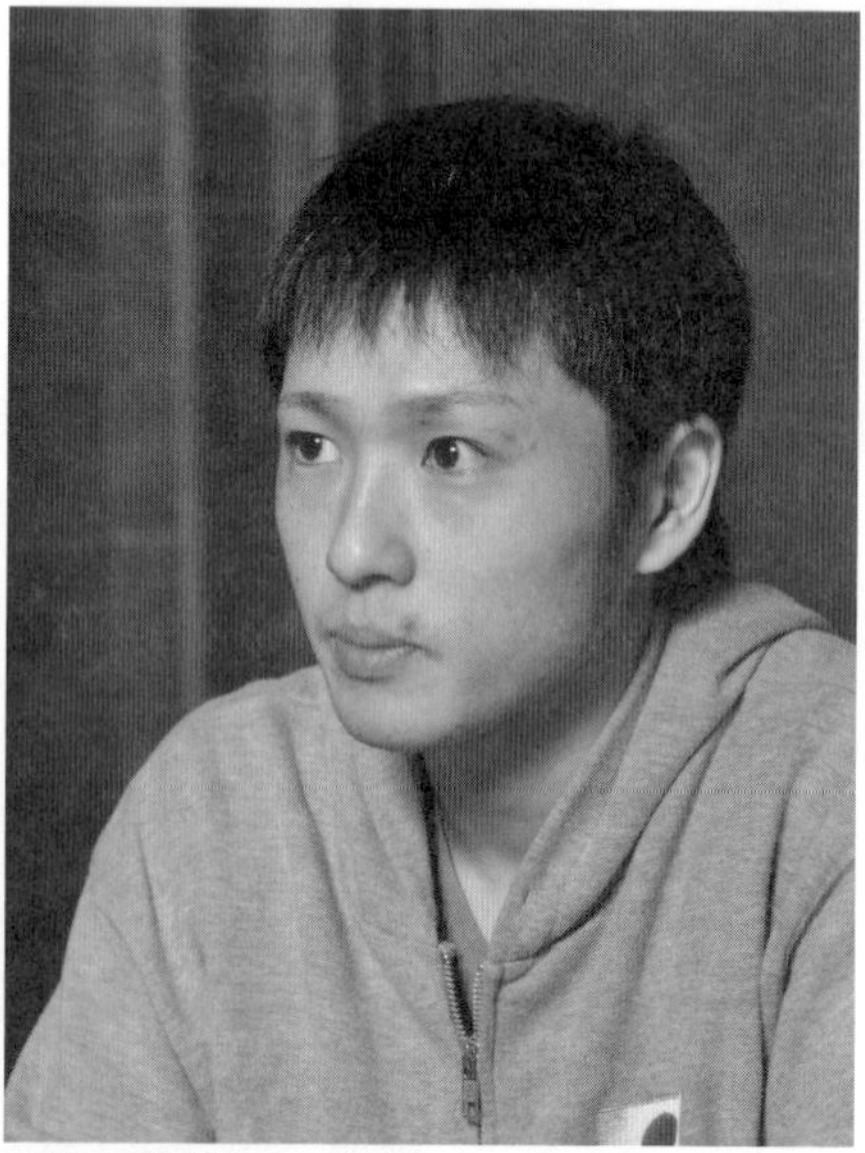

五輪の同競技では日本人初のメダル獲得を目指す

二宮　ずばりトランポリンの魅力とは？

伊藤　経験者、未経験者を問わず、誰が見てもわかりやすいスポーツだという点です。誰でも、すごい技はすごいと思えるし、美しい技は美しいと感じることができます。サーカスのようなエンターテインメント性も魅力ですね。

二宮　トランポリンの世界は、男子では日本、中国、ロシアが強豪国です。伊藤選手は昨年のランキングで世界一位。もちろん五輪での目標は金メダルですか。

伊藤　そうです！　一番になることを目指して練習をしています。

二宮　五輪のトランポリン競技では、日本人選手のメダリスト自体が出ていません。伊藤選手がメダルを取ったら第一号です。

伊藤　過去の五輪でもメダルを取るのは確実だろうと言われていた選手がいましたが、残念ながら四位が最高（北京五輪、外村哲也選手）です。世界選手権やワールドカップではメダルが取れても、まだ五輪では結果が出ていません。

二宮　その原因は何だと思いますか。技術、経験、それともメンタル面？

伊藤　ほかの国際大会では好成績が出ているわけですから、力の差ではないと思います。やはり五輪には独特な雰囲気があると聞きます。そこで勝つには「絶対にメダルを取る！」という強い気持ちが必要です。そのあたりに壁があるのかもしれません。

美しくもシビアな競技

二宮　トランポリンは採点競技です。なじみのない方もいるでしょうから簡単にルールを紹介してください。

伊藤　演技は、十回のジャンプで十種類の技を披露《ひろう》し、跳躍点《ちょうやく》（高さ）、演技点（美しさ）、難度点（技の難しさ）の三つで採点されます。跳躍点は専用の機械で高さを測定します。

演技点は五人の審判員が減点方式（十点スタート）で採点します。一つの技につき一点で、全部で十点という計算です。たとえば、つま先が伸びていないと判断されれば、マイナス〇・一点といった感じで、点数が差し引かれていきます。審判員は五人いて、最低点と最高点を出した審判員の得点を除いた三人の点数を合計します。

難度点は二人の審判員が採点します。技それぞれに得点が決めてあり、それらを加算して計算します。たとえば抱え込みで「三回宙返り」をすると一・五点です。

二宮　難度点は、世界のトップレベルになると何点くらいですか。

伊藤　いま世界ナンバーワンの中国では、平均の難度点は、だいたい一七・一です。僕たちは一六・六ですので、その差が〇・五あります。実は難度点だけ出そうと思えば、一七・五くらいまでは可能です。ただ、難度が高くなると、美しさに欠け、演技点がマイナスになってしまいます。そのリスクをどう考えるかがポイントです。

二宮　技の難しさと華麗《かれい》さ。どちらを選択するかの勝負ですね。

伊藤　僕は、確実に一六・六の難度点をとり、あとは演技点で伸ばすスタイルです。

二宮　厳しいことに演技の途中で失敗すると、その時点で終わりになるそうですね。

伊藤　そうなんです。十回跳躍して演技をしなければなりませんが、途中の六回目で着地に失敗して落下し、演技が続けられなくなると、そこまでの点数にしかなりません。

二宮　途中で失敗しても演技を再開できる他の体操競技とは違いますね。

伊藤　その点、トランポリンはとてもシビアです。やり直しがきかない一発勝負。ただ、みんな同じルールのなかで戦っていますからね。極端な話、五輪のメダリストでも失敗すれば、中学生に負けることだってある競技です。

8メートルにも達する「高さ」が武器　写真：YUTAKA/アフロスポーツ

二宮　伊藤選手は八メートル跳ぶという高さが武器です。競技する場所によっては天井に届きそうになるのでは？（笑）

伊藤　地方の小さな体育館では、最低限の高さしかない場合が多く、天井にぶつかりそうになりますね。観客席から「危ない！」って声が上がることもあります（笑）。

二宮　ベッド（ジャンプする部分）は世界共通なんですか。

伊藤　僕たちがいま練習で使っているベッドは、五輪の公式用です。ひもを一本一本縦横に編み込んでつくるんですが、ひもが細ければ細いほど弾力性が出てきます。

北京五輪まではユーロトランプというメーカーのものが使用されていましたが、ロンドン五輪ではフランスのジムノバというメーカーのものが使用されます。

二宮　ジムノバのトランポリンの感触はどうですか。

伊藤　少し柔らかい感じがします。柔らかくて体が沈む分、反発して体が上に上がればいいんですが、柔らかいのにあまり上に上がらないんです。まあ、ほかの選手も同じように感じているでしょうから、条件は同じです。

実は高所恐怖症

二宮　初歩的な質問で恐縮ですが、八メートル跳ぶとなるとビルの三階の高さになりますよね。その高さから下を見ると、目が回ったりしませんか。

伊藤　僕は小さいころからやっているので慣れてしまっていますね（笑）。大人になると恐怖感が出るので、子どものほうがのみ込みが早いそうです。

二宮　着地がずれると減点の対象になります。跳び上がったときには着地点も計算に入っていると？

伊藤　そうですね。ベッドのなかに四角い枠が描かれていますが、そこから外れると〇・一の減点になります。トップレベルの選手にとっては、このマイナスは致命的。なので、なるべくセンターの×印に着地するように意識しています。

ただ、いったん跳び上がってしまったら、もう途中で着地場所を変えることは不可能です。つまり、跳び上がる一瞬の判断で次が決まってしまう。だから下りるときは、どういう角度でベッドに入るかを、空中で瞬時に考えることが重要になります。入る角度によって、次に跳ぶ方向が変わってきますから。

二宮　なるほど。でも少しのずれなら、体をひねって調整できるんでしょうか。

伊藤　多少はできますが、空中に上がってしまえば、基本的には着地位置そのものを変えることはできません。だから跳んだ瞬間が勝負といっていいでしょう。

二宮　空中で演技をし、姿勢を保つには筋力もバランス感覚も必要になります。体がぶれないためには、体幹の筋肉が重要になるでしょうね。

伊藤　これまでの経験を踏まえると、確かに重要ですね。体幹《たいかん》がしっかりした状態でまっすぐに

（ベッドに）刺さらないと、体の軸がぶれてしまいます。すると思わぬ方向に跳んでいってしまうんですよ。

二宮　ベッドに入るときの理想的な角度は？

伊藤　真上に跳ぶためには真っすぐ垂直に入るのが理想です。ただ、次の技の内容によっては少し前とか後ろに傾いたほうがいいものもありますので、微妙な調整がとても重要になります。

二宮　トランポリン競技は、演技時間は決して長くありません。しかし、最高のパフォーマンスを凝縮して披露《ひろう》するには体力や体形をパーフェクトに近い状態に仕上げておかなければなりませんね。

伊藤　トランポリンの演技は十回の跳躍《ちょうやく》で時間にすれば約二十秒で終わりますが、一回の演技に費やす体力は二百メートルダッシュに相当するといわれています。

二宮　そんなに！

伊藤　ええ。なので、多くの練習量をこなしておく必要がある。そのためには体力も求められますね。

二宮　となると体重が重すぎても軽すぎてもいけませんね。

伊藤　僕の場合は六十二キロくらいをキープしています。この競技に体重制限はありませんが、美しさを競いますから、太ってしまうとよくありません。それに体が重くなってしまうと動きのキレが落ちます。逆に減量しすぎると筋力が落ちてパワーがなくなるので、筋肉を増やしつつ、体重を保つようにしています。

二宮　食生活は工夫していますか。

2011年11月に行われたトランポリン世界選手権。日本は団体で優勝を果たす（右から2人目が伊藤選手） 写真：アフロ

伊藤　結構太りやすい体質なので、その日の練習にあった食事を心がけています。栄養士さんにアドバイスしてもらうこともあります。

二宮　以前プロレスのリングのトップロープに上がったことがあるんですが、二メートルほどの高さでも相当怖かった。八メートルとなると高所恐怖症の人では、耐えられないでしょうね。

伊藤　実は僕、高所恐怖症なんです（笑）。

二宮　えっ、本当ですか！

伊藤　こう言うといつも笑われるんですが、観覧車などはまったく駄目ですね。下が透《す》けて見えるものや、上空に長い間留まっていることが、もう怖くて……（笑）。

二宮　トランポリンをやっている人で、高所恐怖症というのは初めて聞きました。高いところが好きでやっているのかと思っていましたから。じゃあ、東京スカイツリーも上れませんね（笑）。

伊藤　僕は東京出身ですが、東京タワーも上ったことないんです（笑）。

二宮　ところでベッドはひもが編み込まれてできていますから、湿気などが跳躍《ちょうやく》にも影響するのでは？

伊藤　天候には左右されますね。晴れているとベッドがしっかり張っていますが、雨の日などは柔らかくなります。選手によっては柔らかいほうが好きだという人もいますが、僕は高さを武器にしているので、ちょっと固めで弾むほうが好きです。

二宮　ロンドンの夏はどうでしょうか。

伊藤　どうでしょうね……。空調で調整するかもしれませんが、みんな同じ条件ですので、あまり気にしないでいこうとは思っています。

二宮　考えてみれば、トランポリンは強引に引力に逆らっているスポーツです。

伊藤　やっている自分たちは実感がありませんが、スポーツ科学によると、着地した際には重力により体が数トンの衝撃を受けるようです。

二宮　ベッドが柔らかくても足腰への負担は大きいでしょうね。

伊藤　ひざと腰の故障は、トランポリン選手の職業病です。そこを傷めてやめていく選手も多いですね。

メダルを狙える位置と年齢

二宮　伊藤選手は現在二十三歳です。一般的にどのくらいの年齢が一番力を発揮できるのでしょうか。

伊藤　競技自体は何歳まででも続けることはできますが、全盛期は二十代後半まででしょうね。海外のトップ選手も二十代前半が多いです。三十歳をすぎると思うように体が動かなくなってくるようです。

二宮　となると伊藤選手はいまから脂が乗ってくる時期ですね。伊藤選手が五輪でメダルを取れば、トランポリン人口も一気に増えるはずです。

伊藤　僕の夢は、そこにあります。トランポリンをもっとメジャーにしたい。メダル獲得によって、それは可能だと思います。たとえば、北京五輪でのフェンシング。太田雄貴選手が銀メダルを取ると、一気に世間の認知度が上がりました。すごいなと思いましたね。

トランポリンも高校、大学では部活動も増えてきましたが、まだ日本では社会人になって競技を続けられる環境にありません。ぜひ、メダルを取ることでトランポリンを盛んにしたいと願っているんです。

二宮　なでしこジャパンが一一年のW杯で優勝してフィーバーを起こしたように、やはり結果を残すと周囲の評価も変わってきます。

伊藤　いまは世界でメダルを狙える位置にいるし、年齢的にもちょうどいいので、自信をもって五輪は臨みたいと思っています。もう次はないという気持ちでメダルを狙います。

（『第三文明』２０１２年5月号掲載）

取材後記　勝負に打って出る覚悟

世界を相手に戦っている選手は、冷静に自分を見つめている。要するに進むべき道筋が見えている。話に浮わついたところがない。伊藤選手も、まだ二十三歳ながら、非常に落ち着いている印象を受けた。

それはマイナースポーツという事情も密接に関係しているのだろう。なぜ自らが、そのスポーツに取り組んでいるのかが常に問われるからだ。「プロになる」というわかりやすい目標があるサッカーや野球などとは異なり、マイナースポーツでは、目標を自ら見いださなくてはならない。常に自分自身を競技へと向かわせる理由づけとモチベーションが必要になるのだ。

対談でも触れたように、トランポリンはある意味で残酷なスポーツだ。競技中、着地を失敗し、続けられなくなったら、その時点で終了となる。途中からやり直すことは許されない。なにしろ、一度宙に舞い上がったら、空中での修正はほぼ不可能なのだ。一瞬のミスが命取りにつながる。跳躍時の滞空時間はわずか二秒。一回の演技は十回跳躍して二十秒もあれば終わる。人生における二十秒なんて、五回も呼吸をすれば過ぎていく時間だ。伊藤選手はその一瞬のために、長い歳月を捧げてきた。

失敗が許されないトランポリンにおいて金メダルを目指すならば、どこかでリスクを背負っての大勝負をかけることも必要になるだろう。平均的に演技をして全体を無難にまとめたところで、メダルには届きませんでした、では意味がない。「ここが勝負!」というポイントで、どんな勝負に打って出るか。人生を賭けた跳躍をしかと見届けたい。

VS7. 松本 整

「〝ケイリン〟発祥の国に優れた自転車文化を！」

まつもと・ひとし
1959年、京都府生まれ。日本競輪学校第45期卒業。2004年、45歳のときに高松宮記念杯で優勝し、自身3度目となるG1最年長記録を更新後に引退を発表。スポーツトレーナーとして、スケルトンクラブチームやフィギュアスケートの織田信成をはじめ、多種目のトップアスリートを指導。順天堂大学協力研究員。11年よりロンドン五輪自転車代表総監督に就任。

メダル獲得への厳しい現状

二宮清純　松本さんは、二〇一一年の五月に日本自転車競技連盟（ＪＣＦ）の自転車日本代表総監督に就任されました。現在、目前に迫ってきたロンドン五輪に向けて、指導に当たられています。日本の自転車競技の発展をテーマに、いろいろとお話をおうかがいしたいと思います。

松本整　よろしくお願いします。

二宮　早速ですが五輪の自転車競技は多種目にわたっていますね。

松本　一般公道に設けられた特設コースを走る「ロードレース」、トラックコースを走る「トラックレース」、クロスカントリーを走る「マウンテンバイク」、二十インチ径ホイールの競技用自転車で行う「ＢＭＸ」などがあります。

二宮　かりに全種目でメダルを取ったとすれば、いくつ取ることができますか。

松本　個数でいうと男女合わせて七十八個です。

日本代表総監督として「新たな自転車文化」の創出を語る

二宮　それはすごい！　〝メダルの大票田〟だ！

松本　そうですね。時間がかかることなのでまだまだ先になるとは思いますが、メダルが取れる体制を組織をあげて構築できれば、五輪での日本のメダル獲得数で、五本の指に入る競技に成長する可能性を秘めています。

トップステージは五輪であるべき

二宮　「ケイリン」は日本生まれの自転車種目でありながら、現在、世界に後れを取っています。現状を変えるために、どのような改革が必要でしょうか？

松本　選手は地方から中央へ、トレーニングシステムは中央から地方へという流れをつくっていきたいと考えています。つまり、優秀な選手を中央に引き上げるボトムアップ方式をとり、トレーニング方法については、これまで地方任せでバラバラだったものをトップダウン方式で地方に伝え、全国共通の方法を広めたいと思っています。

二宮　その実現には相当な時間を要するのでは？

松本　もちろん時間はかかります。まずは、そうしたシステムをつくるために組織内のガバナンスを構築して、システムが機能する形を整える。そして、構想を現実のものへと近づけていき、次のリオデジャネイロ五輪で勝負したい。ロンドンではその布石が打てればと考えています。

二宮　ちなみにサッカーは、Jリーグ発足（一九九三年）から、ワールドカップ初出場までに約五年を費《つい》やしました。

松本　厳しい〝いばらの道〟だとは思いますが、やっていかないことには、永遠に目標には到達できませんので、とにかく始めなければいけません。

二宮　調整が難しいのは興行としての競輪と、ほかの自転車競技との組織の違いですよね。ロードレースやトラックレースが加入している財団法人ＪＣＦの所管は文部科学省のスポーツ・青少年局ですが、事業である競輪は財団法人ＪＫＡ（競輪とオートレースの振興法人）に属し、これは経済産業省の管轄《かんかつ》になっています。

松本　そうした縦割り状態を解消し、横の連携を強めていくためには、ＪＫＡのトップに賢明な判断をしてもらう必要があります。

本来は自転車競技という大きなくくりのなかに、競輪という事業があると考えるべきなのですが、いまは競輪がまずあって、その下に各種の自転車競技種目があるという捉え方が一般的です。これからは、日本に〝新たな自転車文化〟を育《はぐく》み、競技全体の復興を実現していくことが大事です。自転車競技という大きな枠のなかで、五輪を頂点として、その下に国内の競輪があるという形が定着することが望ましい。そうすれば、世界の舞台で優秀な成績を残した選手が、その後、競輪で生活をし、長く競技を続けることもできます。

二宮　そうしたシステムを構築できれば、非常に画期的なことです。

松本　多くのアマチュアスポーツ選手は、五輪で活躍しても、その後、その競技だけで生活をしていくことは困難です。自転車競技にはセカンドキャリアまで保証されているという事実が広く浸透すれば、ほかの競技においても、五輪を頂点とした選手の流れがもっとできてくると思います。

二宮　サッカーではJリーグ、日本女子サッカーリーグ、日本フットボールリーグなど、すべての団体が日本サッカー協会（JFA）に属しています。自転車界も、一つになれるかどうかが課題ですね。

松本　僕はなれると思っています。いま競輪事業は節目を迎えています。ピーク時には年間二兆円近くあった売り上げが、現在は六千億円台と、六〜七割も減少していま

競輪の売り上げが減少する中、新たなシステム構築が望まれている　写真：アフロ

す。今後、以前のような状態に戻ることは考えづらいですが、自転車文化そのものが認知され、自転車業界全体が振興すれば、競輪にも再び、光が当たる可能性は十分にあります。

二宮　それが理想ですよね。とはいえ、競輪には〝スポーツ〟というより、どうしても〝ギャンブル〟というイメージがつきまといます。

松本　これまでは、競輪で活躍した選手が五輪に出場していましたが、これからは五輪で輝かしい成績を収めた人が、競輪選手という職業を選ぶという流れができれば、イメージも変わると思います。だからこそ、やはりトップステージは五輪であるべきだと思うんです。

努力が報われるイメージが弱くなった

二宮　松本さんの古巣である競輪が縮小している現状を、どのように感じられていますか。

松本　それはもう寂しいですよ。ただ、なるべくしてなっているとは感じています。

二宮　先ほどの話に出たように、Jリーグは日本サッカー協会に属した組織の一つですが、日本のサッカーを盛り上げているのは、間違いなくJリーグです。同様に、日本の自転車競技におけるエンジン役は、やはり競輪で、そういう意味では競輪が元気でなければいけない。つまり、競輪の衰退は日本の自転車競技発展の阻害《そがい》要因になっているとも考えられます。

松本　競輪が落ち込んでいる原因は、いくつかあると思います。まず、遊びが多様化しているので、エンターテインメントとしての競輪に目を向ける人が減少していること。また日本人には、ギャンブルというものに対する罪悪感が、まだ残っているということもあるでしょうね。

選手個々の問題でいえば、努力が報われるというイメージが弱くなっていると思います。たとえば、下位のレースでは、一着と九着の賞金が、数千円から数万円しか違わないというケースもある。これでは、厳しい訓練を乗り越えてでも頂点に立ってやろうという気概のある選手が育たないですよね。

二宮 それは悪平等ですね。

松本 本来、優勝劣敗のなかで生きるのがプロ選手の定めです。大半の競輪選手は、プロになる時点でそれを覚悟して入ってきたはずなのに、そうした悪平等が浸透することで、しゃにむに頑張らなくても、ある程度、収入が得られる状態に安住するようになっています。

二宮 ある意味で〝互助会《ごじょかい》〟的になっていると？

松本 はい。今後は、そうした点を払拭《ふっしょく》して、頑張って結果を残した人が報われるようにしなければいけない。そうすれば競輪は本来の面白さを取り戻せるはずです。

急がれる意識改革と教育システム

二宮 選手のなかには、まだ〝競輪は安泰《あんたい》〟といった意識が残っているのでしょうか。競輪が盛んだった時代は、みんながその恩恵にあずかれましたが、残念ながら、もうそういう時代は来ないかもしれません。

松本　そこにあまり気づいていないと思います。本当は選手たち自身が目覚めなければいけないのですが……。これまでは「寄らば大樹《たいじゅ》の陰《かげ》」で大樹にセミのようにひっついて、そこから染み出る蜜《みつ》を吸っていればよかった。

しかし、いまは、その大樹が枯れてきている。早急に手当てしなければ蜜が吸えなくなることに気づかなければいけない。つまり、自分のことだけではなく、自転車競技全体に貢献する意識がこれからの選手には求められるのです。

二宮　実際に、競輪場は減少の一途をたどっています。自治体もこれまでは、競輪の売り上げを原資にして福祉の充実などをはかってきましたが、それができなくなると廃止にするというのは、少々、寂しい気もします。

松本　選手たちと話をすると、よく「僕は……」と自分自身の話しかしないんです。「僕はこれだけ頑張ってきたし、これからも頑張る」と。しかし、これからは選手たち一人一人が「自転車競技は……」といった話をしなければいけない。

二宮　意識改革のためには、選手教育が必要だと思われますが、現状は？

松本　これまではまったくなかったと思います。ただ、いまは選手会会長も代わり、中野浩一さんが強化委員長となりました。僕自身もシステムづくりに参加していますので、今後さまざまな改革案が出てくると思います。

二宮　「ツール・ド・フランス」に代表されるように、ヨーロッパでは自転車競技が盛んですね。

中野浩一強化委員長（右）らと握手する　写真：日刊スポーツ／アフロ

松本　自転車競技の地位が非常に高いですからね。英国のクリス・ホイというトラックレースの第一人者は、ナイトの称号が与えられているんです。ですから、名前の最初に「Sir（サー）」と敬称をつけて呼ばれています。それほどヨーロッパでは、自転車競技の地位は高い。

二宮　「ツール・ド・フランス」のゴール地点の凱旋門では、いつも大勢の人たちが、熱狂的に選手たちを迎えますよね。あの熱気にはいつも驚かされます。一方、日本の競輪も魅力的です。毎年十二月三十日に開催される、競輪のトリを飾る「ＫＥＩＲＩＮグランプリ」は、見ていてワクワクしますよ。選手たちのあの鍛え抜かれた肉体が魅せる素晴らしいパフォーマンスは、日本のスポーツ文化として守っていくべきだと思っています。

ところが、「ＫＥＩＲＩＮグランプリ」に出場しても、競輪ファン以外の人には、なかなか名前を覚えてもらえない。「五年前のKEIRINグランプリの優勝者は？」と質問して、すぐに答えられる人はよほどの競輪ファンです。

松本　そうなんですよね。選手たちにも常々言っているんです。「グランプリで優勝したからといって、競輪場の外で騒がれたことがあるか」と。もし、競輪がもっとメジャーな競技になれば、選手のステータスは上がるし、さらに日の丸をつければ、初めて見た選手であっても日本中の人が無償の愛で応援してくれるはずです。そのためにはやはり、競輪の価値を高めていく必要がある。そうした意識が選手自身に芽生《めば》えれば、競輪が自転車競技全体を引っ張っていけるようになるはずです。

七月にスタートする期待の女子競輪

二宮　一二年七月には、四十八年ぶりに女子競輪（ガールズケイリン）がスタートします。競輪界にとって一つの大きな転機になると思いますが、いかがでしょうか。

松本　正直、レベルはまだ低いのですが、伸びシロはすごくあります。トレーニングシステムをしっかりつくって訓練をすれば、一六年のリオデジャネイロ五輪では複数のメダルが取れるともくろんでいます。

二宮　ちなみに選手は、どういう経歴の方が多いのでしょうか。

松本　日本の大学には自転車競技部が五十ぐらいあり、トライアスロン競技部も同じぐらいあります。そういうところから集まってきていますね。

一〇年からＪＫＡ主催で「ガールズサマーキャンプ」という、女子選手のみを対象としたトレーニング合宿を始めました。初日は素人同然の選手も何人かいましたが、五日後の終了時には、見違えるようによくなっていました。この取り組みを続けていくことで、今後、女子選手はさらに伸びると思いますよ。

子どもたちから尊敬される選手を

二宮　さて、話は変わりますが、自転車文化向上のためには、社会全体の自転車マナーを向上させることも必要です。自転車はエコで、健康によく、カッコいいということで、世界的に利用人口が増えています。私もよく自転車を利用するのですが、一部の利用者のマナーの悪さが、最近では問題になっています。路上が自転車に乗る人、自動車に乗る人、歩行者、すべてにとって危険な状況になりかねない。

松本　日本には自転車マナーが育っていませんね。競技者だけでなく、社会全体がマナーを守って自転車を楽しむ文化をつくれば、野球やサッカーのように、人気のある息の長いスポーツとして繁栄できると思います。

二宮　ガソリンや電気も使わず、運動にもなる自転車には追い風が吹いています。さらに日本には、世界に誇る競輪があるわけですから、双方がうまく合致すれば、これは新しいビジネス、そして生活スタイルになるはずです。

自転車は子どもたちにも気軽に楽しめるものです。ぜひとも、子どもたちに尊敬されるような五輪選手や競輪選手を育てていただきたいと期待しています。

松本　そのとおりです。そのためにも、まずは目前のロンドンで次につながるような納得のいく結果を出したい。二宮さんにも、これまで以上に、さらなるお力をお貸しいただければと思います。

二宮　こちらこそ、ぜひよろしくお願いします。

（『第三文明』２０１１年11月号掲載）

取材後記　挑戦し続けることが、可能性を開く

松本さんは、その生きざまに心から共感できる人物の一人である。

彼が〝中年の星〟と騒がれたのは二〇〇二年。七月の寛仁《ともひと》親王牌に続き、九月のオールスター競輪を制して、自らが打ちたてた最年長Ｇ１制覇の記録を、立て続けに塗り替えたのだ。その時、松本さんは四十三歳だった。

肉体は時とともに衰える。肉体を勝負の武器とするアスリートにとって、それは宿命ともいえる戦いだ。問題は、肉体の衰えに伴う気持ちの後退だ。「もう年だから」。そう思った瞬間から雪崩《なだれ》を

打って、すべてが後退し始める。

かつて彼はこう言ったことがある。

「僕は今、年齢が十五も二十も下のヤツと勝負している。年齢を負けの理由にしたり、大人のフリをしておとなしくしているのは卑怯だ。人生に対して逃げている」

彼の戦いはバンクの中だけではなかった。その頃、たび重なる失格を受けて日本自転車振興会から斡旋《あっせん》停止処分を受けたのだ。そのうえ、選手の権益を守るべき日本競輪選手会からも自粛欠場を勧告されていた。

当時、彼はこんなことを言っていた。

「毎回毎回、僕はここで死ぬかもしれない、いや死んでもいいと思ってレースをしてきた。ところが今の競輪は一生懸命、まじめに走れば走るほど不利なシステムになっている。落車を避けるため競《せ》り合わず、おとなしいレースをしていたほうがこっちだって楽。でもそれでお客さんは本当に喜ぶだろうか。この点だけは僕は譲れなかった」

さまざまな困難を乗り越えて、今、彼は、日本の自転車競技の重責を担う立場にある。代表総監督として新しいステージで戦っている。

ここに至るまでの流れの中で、彼は一切、妥協せず、媚《こ》びず、屈しなかった。にもかかわらず、いや、だからこそ、今のステージがあるのだ。

彼を見ていると、私は黒人初のメジャーリーガー、ジャッキー・ロビンソンの言葉を思い出す。

「不可能の反対は可能ではない。挑戦である」

松本さんと同学年でもある私は、彼から大きな刺激を受けている。

VS8. 平井伯昌

「三たび頂点をとるための戦略」

ひらい・のりまさ

1963年、東京都生まれ。早稲田大学3年時に競泳者から指導者の道へ。大学卒業後、東京スイミングセンターに入社。96年より北島康介を指導し、アテネ、北京五輪と2大会連続2種目で金メダルを獲得する選手に育て上げる。同時に、中村礼子にも2大会連続銅メダルをもたらす。現在、東京スイミングセンターヘッドコーチ。またロンドン五輪では、競泳日本代表のヘッドコーチも務めている。

北島勝利への〝カギ〟

二宮清純　今回、北島康介選手は、百メートル、二百メートル平泳ぎで、四大会連続の五輪出場を決めました。素晴らしい快挙ですが、そこに至るまでは、思うような記録が出せず苦しんだ時期もありました。たとえば、二〇一一年の世界水泳上海大会での北島選手は、百メートルでは四位に終わりました。北島選手が同種目でメダルを逃すのは十年ぶりのことです。あのときの敗因はどこにあったのでしょう?

平井伯昌　康介自身、勝てるという自信を持てるまでの練習ができなかったんだと思います。

二宮　三年前から北島選手は米国を拠点にトレーニングを積んでいます。

平井　いまは、デーブ・サロというコーチの指導を受けています。なので、僕も以前のように細かなアドバイスがしにくい。ただ百メートルで負けた後、康介が自信を失っているように感じたので、その点はこちらからいくつかアプローチをしてみました。

ロンドン五輪に向け競泳の代表ヘッドコーチに就任した

二宮　万全な状態でなくても、二百メートルで二位に入ったのは、底力のなせる業《わざ》ですね。

平井　康介はいつも、自分の能力を一〇〇パーセント引き出して戦うんですが、あのときは練習が思うようにできていなかった。七～八割しか力が出ていなかったように思います。だから最後の二十五メートルに、これまでとの差が出た。

二宮　以前のような細かいアドバイスができないなかで、北島選手に伝えていることは？

平井　とにかく康介には米国で上半身を鍛えるように伝えています。「百メートルと二百メートルで、それぞれ『二つの泳ぎ』ができるようになることが大事なんじゃないか」と話しました。

二宮　百メートルの泳ぎの延長線上に、二百メートルがあるという発想ではないと？

平井　近年の平泳ぎの世界は、百メートルのスペシャリスト、二百メートルのスペシャリストといったように、種目ごとに細分化されてきています。そして、それぞれのレベルが、相当上がっているからです。

〝サラブレッド〟の膝

二宮　北島選手は、苦しい時期、自分の泳ぎにどのような不安を抱えていたのでしょうか。

平井　康介のキック力は、世界でトップクラスなんですが、練習メニューでは休息時間が短いため、納得のいくキックの練習ができていなかったようです。実は、康介はほかの人間と比べると〝膝が細い〟ので、休息を十分にとらないと痛みが出やすくなる。

二宮　それは生まれつきの身体的特徴ですか。

平井　そうですね。いわば〝サラブレッド〟のようなものですよ。関節は細いけれど、筋肉からの出力は並はずれたものがある。それだけに普段から気をつけていないと故障しやすいんです。

二宮　北島選手は、もう十年以上、第一線を張っています。今年（一二年）、三十歳を迎えますが、衰えはないのでしょうか。

平井　それは感じませんね。ただ、康介の場合、疲労が溜まって故障し、その結果、十分なトレーニングができなくなることが怖い。

二宮　トレーニングさえ十分に積めれば、まだまだ泳ぎは進化すると？

平井　あとはベテランならではの経験が邪魔をしないことが重要ですね。実は、昨年（一一年）の世界水泳で、こんなやりとりがありました。二百メートルの前に、デーブコーチが康介に「前半は（ペースを）抑えていけ」とアドバイスをしたら、康介は「抑えてもへばるものはへばる。抑えるとかえってリズムが崩れて駄目だ」と言って、受け入れなかったんです。

そんな無謀なことを考えるくらい二百メートルでは強気なのに、百メートルでは「相手に（最初の五十メートルを）二十七秒台前半で入られたら勝てない」と言っている。私は「百メートルも二百メートルと同じ考えで臨めばいいんじゃないか」と話をしました。

二宮　固定観念にとらわれると、自分の殻を破れないと？　先入観にとらわれすぎなんじゃないか。

平井　〝自分はこれまでこうだった〟という経験が、精神の柔軟性を失わせ、他人の助言に耳を傾ける心を失わせる。ベテランが勝てなくなる原因は、肉体の衰えよりも精神の成長が止まるほうが大きいのではないかと感じています。

北島は目力が強い

二宮　平井さんは、指導者には「人を見抜く目」が必要だと語っています。どのようにして見抜く力を磨かれたんでしょう？

平井　僕にとってよかったのは、東京スイミングセンターに入社した最初の四～五年、代表に選ばれるようなトップ選手と初心者の両方を指導できたことです。そのなかで「こういう動きは素質のある人にしかできない」といった見方が鍛えられていったのだと思いま

4大会連続の出場を果たす北島康介。ロンドンでも活躍が期待される　写真：北村大樹／アフロスポーツ

す。

二宮 指導した一般の生徒のなかには、さまざまな職業の方がいらっしゃったとか。

平井 ええ。経歴や立場の違う人たちに水泳の技術を教えるため、言葉の力をつけようと努力しました。その訓練も役立ちましたね。

二宮 エリート選手だけを見ていたら、人を見抜く力、わかりやすく言葉で伝える力は身につかなかったと。人間、何がプラスになるかわかりませんね。ちなみに北島選手には中学二年から指導されていますが、あるとき、その〝目力〟に感心する瞬間があったとか。

平井 東京スイミングセンターで開催した全国大会のときのことです。康介は無口で練習ではまったく目立たない選手でしたが、本番では練習で見せたことがないような顔をしていました。そして、ゴーグルをつけるときの目を見たら、とても目力が強かったんです。〝ひょっとしたら内面が強い子かもしれない〟と感じました。

二宮 本番で目立つタイプだったと？

平井 当時、シドニー五輪に向けた選手育成をテーマに、コーチ陣で話し合った際、「康介はどうかな？」と言ったら、みんな「康介は体が硬いし、将来性は……」と、あまり評価は高くなかった。僕が「そんなことはない」と言っても、「目力がある」というだけでは、どうにも根拠が弱い（笑）。

二宮 アハハ、確かに。

平井 そうこうするうちに、康介は頭角《とうかく》を現すようになり、中学三年のときには全国大会で優勝しました。

二宮 たとえば、野球のピッチャーに素質があるかどうかを見抜くポイントとして、腕の振りや柔らかさなどがあげられます。水泳にもそうした見極め方はありますか。

平井 誰にでも当てはまるポイントかどうかはわかりませんが、康介は壁を蹴って進む際の伸びが素晴らしかった。蹴りが強いのか、姿勢のとり方がいいのかはわかりませんでしたが、〝これはいい選手だな〟と感じましたね。

準備では妥協しない

二宮 平井さんにとって、理想のコーチとは?

平井 僕のコーチングでは、一つのやり方にこだわるのではなく、選手に合わせて対応したいと考えています。ここ十数年は、康介をコーチすることで、一定の成功を収めることができた。だからこそ、いま心がけているのは、康介で成功した方法がすべてだとは思い込まない、ということです。それぞれの選手に合わせた新しいコーチングを模索し続ける。この姿勢を忘れないでおこうと思っています。

二宮 成功体験にこだわるのではなく、常に新しいやり方を追求すると?

平井 この十年、康介たちと金メダルや世界記録を目指して頑張ってきました。そういう選手を再び育ててみたいんです。やはり、やるからには世界で金メダルを取らないとおもしろくない。僕は国内大会よりも、海外での試合や五輪のような大舞台に行くほうが楽しいんです。

二宮　そういった平井さんのメンタリティーが選手にも伝わって好成績に結びついているのかもしれませんね。

平井さんは競泳日本代表のヘッドコーチでもあります。金三個を含む八つのメダルを取った二〇〇四年のアテネ五輪などと比べると、近年の日本勢は、低落傾向にあると言われています。

平井　古橋廣之進《ひろのしん》さん（元日本水泳連盟会長）は生前、世界で金を取るには「本気で狙っていかないと難しい」とおっしゃっていました。僕もまったく同感です。最初から頂点をとることを意識し、そのための努力をしていくこと。これが大事です。

二宮　ただ単にガムシャラに練習をしたからといって金メダルが取れるわけではない。明確な目標設定をした上で、逆算して正しい努力をしていかなければいけない。

平井　いま日本に足りないのは、そういう戦略だと思います。とりあえず今年を頑張って、また来年も戦おうではなく、いまもっとも世界で速い選手と比較して、自分たちには何が足りないのかを分析しながら練習を積み上げていくことが大切です。

二宮　京セラの創業者で、現在、日本航空の名誉会長をしている稲盛和夫さんは物事を進めるにあたって「楽観的に構想し、悲観的に計画し、楽観的に実行する」と語っています。これはスポーツの世界でも当てはまるのではないでしょうか。

平井　確かにそうかもしれません。僕らは「できる」という前提で教えますが、プランニングの段

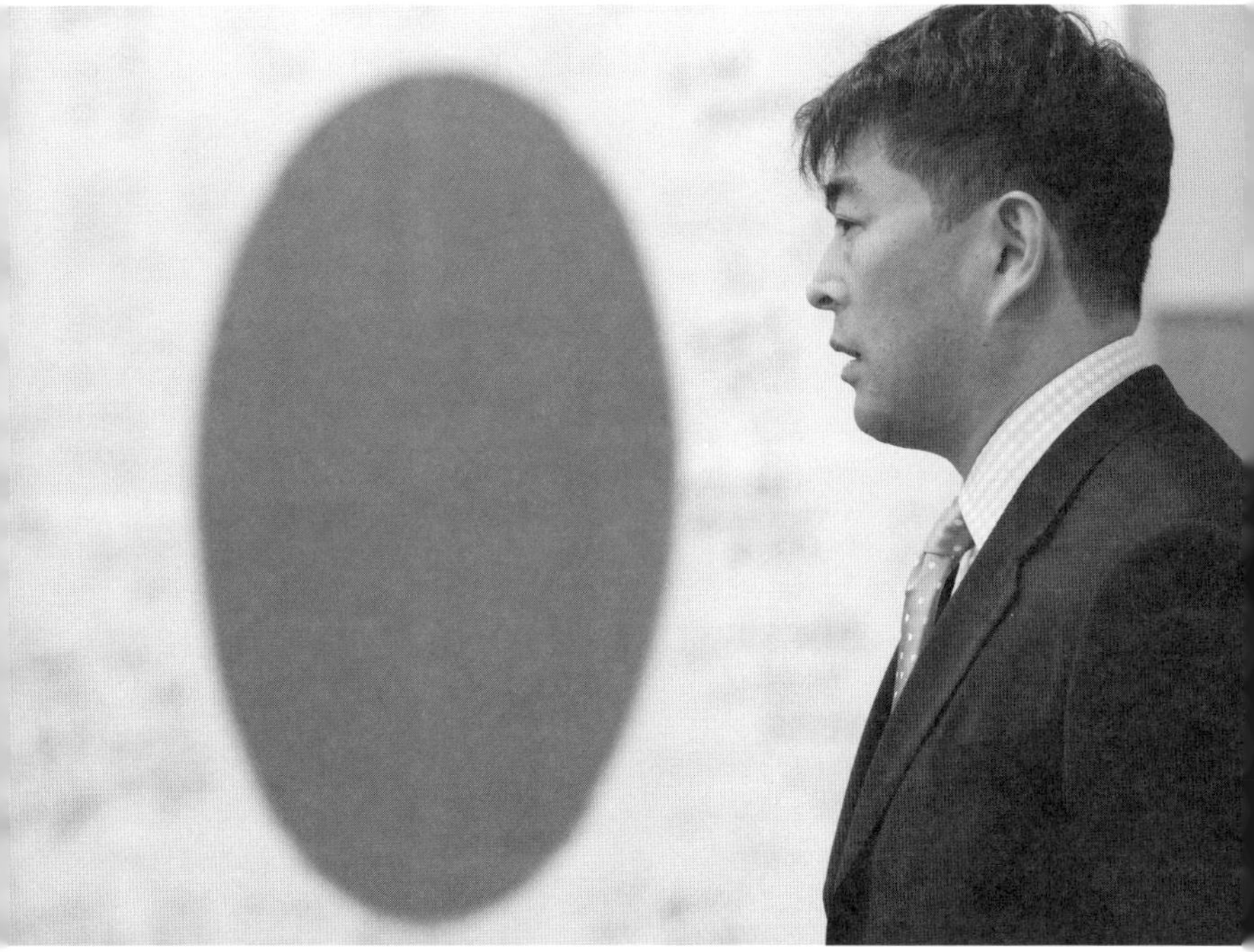

ヘッドコーチとしてロンドンでは８個のメダル獲得を目指す　写真：YUTAKA/アフロスポーツ

階では妥協しませんし、「ほかの選手が失敗してくれるだろう」といった楽観的な要素は一切考慮しません。

二宮　計画に妥協や楽観論が入りこむと、想定外のことが起きたときに対応できない。これは原発事故を見ても明らかです。

平井　メダルを取るために大切なのは、相手にこちらを過剰に意識させ、こちらのペースに巻き込むことです。よく選手は「自分のレースをしたい」と話しますが、相手を意識しているかぎり、それはできない。

アテネ五輪のとき、康介には、予選と準決勝で相手が意識するくらいのレースをしようと作戦を練りました。百メートルで銀メダルとなったブレンダン・ハンセン（米国）は「今日、北島は自分のレースをした。僕は北島を意識しすぎた」とコメントしていましたね。

二宮　日本水泳連盟は、ロンドン五輪での目標をメダル八個と定めています。

平井　この目標をクリアするためにも、まず金メダルを目指す努力をすべきだと考えます。金メダルを取る伝統が一度途絶えると、頂点のとり方を忘れてしまう。金メダルを狙いに行けば、おのずと銅メダルも三個ぐらいは取れる実力はついてくるはずです。

（『第三文明』２０１１年12月号掲載）

取材後記

勝ち続けるためには、過去の成功にとらわれない

今回の対談でもっとも印象的だったのは、北島選手の目力に関する話である。それが彼の並はずれた集中力の源なのだと気づかされた。確かに、レースに臨む彼の目は、獲物を狙う猛獣の目に似ている。目力などと言うと漠《ばく》としたもののように思われるかもしれないが、真実は細部に宿るのだ。

北島選手とともに北京五輪四百メートルメドレーリレーで銅メダリストとなった宮下純一さんが

以前、こんなことを言っていた。

「普通の人間が七〇~八〇%しか力を出せないところを、康介さんは一〇〇%出せる。世界水泳の代表選考レースではレース中に太ももを肉離れしても泳ぎましたからね。一般的に泳いでいて水中で肉離れは起きないものですが、康介さんは限界のリミッターをはずして泳げる。だからこそ、あれだれの実績を残せるのだろうな、と感心しました」

北島選手の目力は、彼の抜群の集中力の現れであり、それこそが自らの限界を打ち破る力となっているのだろう。

平井コーチが描く理想の指導者像の話も、また興味深かった。「一つのやり方にこだわるのではなく選手に合わせて対応したい」「康介で成功した方法がすべてだとは思いこまない」。コーチとして成功を収めた今も、彼は過去に縛《しば》られていない。

成功体験は未来の失敗体験だと私は考える。一つの成功に酔いすぎると、その後の変化が見えなくなり、進歩が止まる。成功体験から学ぶことは山ほどあるが、それは未来への一つの参考書にすぎない。それを平井コーチは知っているからこそ、多くの優れた選手を育成できたのだろう。

もう一つ、対談で印象的だった言葉を引きたい。

「〝自分はこれまでこうだった〟という経験が、精神の柔軟性を失わせ、他人の助言に耳を傾ける心を失わせる。ベテランが勝てなくなる原因は、肉体の衰えよりも精神の成長が止まるほうが大きいのではないかと感じています」

常に成長し続けるための要諦《ようてい》が、この発言に集約されている。

vs9. 岩出雅之

「やりきる力を一生の財産に」

いわで・まさゆき

1958年、和歌山県生まれ。日本体育大学ラグビー部では主将を務め、78年にチームを大学日本一に導く。その後、高校ラグビー日本代表監督などを歴任し、96年に帝京大学ラグビー部監督に就任。第46回（2009年度）全国大学ラグビーフットボール選手権大会では、帝京大学ラグビー部を創部40年目にして初の大学日本一に導き、第47回、第48回大会と3連覇を達成した。帝京大学医療技術学部教授。

短・中・長期での課題を明確にする

二宮清純　二〇〇九年に初めて学生日本一となってから三連覇《れんぱ》。初めて優勝したときと、その後の優勝では、どんな違いがありましたか？

岩出雅之　山登りにたとえるとわかりやすいかと思いますが、初優勝のときは〝ただひたすら懸命に登っている〟感じでした。ところがその後は、単に登るだけではなく〝頂《いただき》から眺《なが》める〟感覚も併《あわ》せ持っていましたね。つまり、山の大きさ（優勝までの距離）がわかったうえで登っていたということです。山の頂に立つまでの高さが千メートルであれば、千三百メートル登れるだけの気力と体力を身につける練習をしてきました。

大学選手権３連覇を果たした帝京大学ラグビー部を率いる

二宮　実際の山よりも高い山、大きな山を想定して練習や試合に取り組むということですが、具体的にはどのように行うのですか？

岩出　たとえば、「いまできること」「二年ぐらいかけてできること」「長年かけてできること」に分けて、短・中・長期での課題を明確にして練習や試合に臨んでいます。というのも、いまできることだけに力を注げば、目の前の試合に勝つことはできますが、それだけでは、チームに真の強さは身につきません。そうではなく、二年後や将来を見据えての練習や実戦、またより難しい課題に挑戦するなかで、チームはより強くなっていくと思います。

二宮 これまでのさまざまな試合を振り返ると、相手チームが有利という下馬評《げばひょう》でも、監督は常に強気の姿勢で臨んで勝利をつかんできました。私は、岩出監督のそういうメンタリティーが選手たちに伝播《でんぱ》し、大舞台での強さにつながっているようにも感じます。

岩出 恐る恐るプレーをしてもうまくいきませんので、自信を持ってプレーができるよう、日ごろから指導しています。特に大学選手権は短期決戦ですから、選手たちの気持ちをいかに乗せて、強気で試合に臨ませるかが、監督である私の役目です。一人一人が自信を持ってできるプレーを明確にし、できるだけ、そのプレーにしぼった戦いをするよう心がけました。

二宮 一二年一月には、ついに三連覇を達成しました。過去に三連覇を達成した大学は同志社大だけ（一九八二〜八四年度）。早稲田大や関東学院大も三連覇はできませんでした。本当にすごいことです。

岩出 ありがとうございます。

二宮 三連覇を達成するうえで、重要なことは何だったのでしょう？

岩出 まず連覇を意識することによって生じる、プラス面とマイナス面を整理することです。意識することで自分たちを〝縛《しば》ってしまう〟マイナス面については、そうならないような考え方を選手たちに伝えたいですし、三連覇という目標が、いい取り組みを続けるための要素として必要であれば、それは利用していこうと考えていました。

選手を自ら奮い立たせる

二宮　それにしても、帝京大はミスをしないし、勝負どころでのプレー、いわゆる球際《たまぎわ》に強いという印象があります。
岩出　技術面でいうと、選手たち個々のスキル（技術）、器用さ、そして経験値を最大限に考慮し、最もミスが出にくいプレーを選択しています。一方、精神面では、プレッシャーからミスを誘発しないよう、常にゲームを楽しめるメンタリティーをつくるようにしています。
二宮　プレッシャーのなかでプレーを楽しむというのは、そう簡単なことではありません。事前のメンタル面での予行演習がうまくいっている証《あかし》でしょうか？
岩出　ポイントは、監督ではなく、キャプテンを中心に選手たち自らで気持ちを高めていくということです。そして、選手たち一人一人が、試合中にどんな苦難に直面しても、自分自身の心を自ら奮い立たせることができるようにトレーニングしてきました。
二宮　具体的には？
岩出　選手たちに、自身を奮い立たせるキーワードをいくつかつくらせるんです。たとえば「お世話になった親のために！」と思えば頑張る気持ちが湧《わ》いてくる選手には、そういうことを思い出さ

2012年、史上2校目の大学選手権3連覇を果たした帝京大学ラグビー部　写真：志賀由佳

せるようなキーワードをつくらせます。また諦《あきら》めの早い選手には、過去に諦めたことによって後悔した苦い経験を思い出させるようにします。そして、気持ちが高ぶり反則を犯しやすい選手には、それによって周りに迷惑をかけてしまったことを思い出させるようにします。

二宮　各選手の性格、そしてポジションによって、それぞれに合った発奮《はっぷん》材料を用意しておくんですね。

岩出　そしてもう一つ重要なのは、選手たち個々が「セルフ・イニシアチブ」をとれるようにすること。三連覇したチームでは、それが確実に実践できていたように思います。

二宮　帝京は選手層がとても厚い。

実力によって、チーム分けをして競争を促しているそうですね。**岩出**　実力順にAチームからDチームまでの四チームに分かれています。

二宮　チームのなかで、メンバーの入れ替えは？

岩出　あります。ただ、すごくハートが強くても体力やスキルがなければ、頑張りすぎてけがをすることもあります。ですから一年生は安全を優先して、一律にDチームから始めるようにしています。

二宮　逆に実力次第では四年生もDチームになると？

岩出　はい。実はCやDチームにいる四年生こそが、チームの生命線になっているんです。彼らの〝どんなポジションにあっても、手を抜かず懸命に頑張る姿〟が、チーム全体の雰囲気をよくし、ひいては、どんなときでも頑張れる気持ちが、チームの〝文化や風土〟になっているんです。

人間としての力を

二宮　選手たちが四年間で人間性を磨き、卒業後、社会のさまざまな分野で活躍するようになれば、指導者冥利《みょうり》に尽きますね。

岩出　そのとおりです。われわれは大学四年間の目標として、チームが大学選手権で優勝することと、選手たち個々がレベルアップすることを掲げています。そして、ラグビー選手としての実力とともに、その後の人生をしっかりと生きていける力も養《やしな》いたいと思っています。ラグビーの選手生命はだいたい三十代前半までですので、引退後も社会で活躍できる力を養うことは、とても大事なことなのです。たとえ日本代表に選ばれても同じことが言えます。プレーヤーとしての力だけでなく、人間としての力があって初めて、活躍できると思っています。

二宮　そういう点で、帝京からは本当にいい選手がたくさん出てきていますね。

岩出　ありがとうございます。早い時期、たとえば高校時代などから頭角《とうかく》を現している選手は十分に経験値がありますから、大学入学後もすぐに活躍できます。一方、素晴らしい身体能力を持っていても、高校時代の経験値が不足していると、大学に入ってすぐに頭角は現しません。帝京の選手たちは大半が後者なんです。しかし、だからこそ無限の可能性を持っている選手が多い。そのなかでも、ここ数年は以前よりも経験値を積んだ選手が入学してきてくれるので、チームとしての伸び幅も変化しているように思います。さまざまな経歴を積んできた選手たちをうまく融合《ゆうごう》させながら、その持ち味を引き出していきたいですね。

二宮　一般入試で合格した子も、入部できるんでしょうか。

岩出　はい。僕は入部してくる学生に対

大学選手権の優勝トロフィー

し、スポーツ推薦、一般入試に関係なく、一つだけ約束させていることがあります。それは、うまい下手ではなく、どんな状態になっても頑張り続けられるかどうか、ということです。頑張る気持ちがあるんだったら、仲間として一緒にやっていこうと話しています。というのも、卒業するときに、仲間や下級生から信頼されて卒業してほしいんです。うまいか下手かは関係ありません。最後までやりきることができれば、他人から尊敬される存在になれる。それを一生の財産にしてほしいと思っています。

自己実現の喜び

岩出　ある年の卒業生が、後輩に最後の挨拶をしたとき、こんなコメントを残してくれました。「帝京で身につけた『やりきる力』をしっかり持って、今後の人生に生かしていきたい」と。四年間には、つらいことや、出口の見えない悩みに沈んだこともあったと思います。でもそのなかで自身と戦いながら、多くのことを学んでくれました。また、チームのスローガンである「『エンジョイとチームワーク』は一生付き合っていける言葉だと思う」とも語ってくれましたね。

二宮　この「エンジョイとチームワーク」は、岩出さんがお決めになったスローガンですか。

岩出　そうです。「エンジョイ」というのは、目標に向かい努力するプロセスを楽しむこと。また努力を楽しむためには、仲間との良好な関係、つまり「チームワーク」が不可欠です。

二宮　プロセスを大切にしないと目標は達成できませんからね。一人一人が〝どうすればプロセスを楽しめるのか〟を考えていくことが重要なんですね。

岩出　エンジョイというのは、究極の自己実現だと思います。自身の可能性を開花させるためのプロセスには苦しいこともたくさんあります。ただ、目標に向かって進んでいること自体がエンジョイだと思うんです。

二宮　先ほどの卒業生の「やりきる力」という言葉も、そうした挑戦のなかから生まれてきた充実感の表れなんでしょうね。

（『第三文明』２０１１年６月号掲載）

取材後記

指導者として必要なビジョン

大学ラグビーの世界では早慶明に代表される伝統校中心の時代が長く続いてきた。その勢力図を変えるのは容易ではない。ラグビーでは新興校と言える帝京大の監督に就任した岩出監督は、十三年かけてチームを日本一に導いた。その裏には「風土」を変えるという難事業が待ち受けていた。風土とは、言いかえれば土壌である。土壌が良くならなければ、本物の豊かな実りは得られない。

そのためには時間がかかる。コストもかかる。小手先だけの策や要領の良さだけでは一時的な成果は得られても、三連覇という本物の〝果実〟を手に入れることはできなかったであろう。

岩出監督が難しいミッションを成し遂げられたのは、指導者として最も大切な「ビジョン」があったからに他ならない。対談の中でも語っていたように、「いまできること」「二年ぐらいかけてできること」「長くかけてできること」を、それぞれの段階で明確にしながらチームづくりに取り組んでいった。リーダーは、夢ばかりを語っていてはいけない。かといって目先の作業だけに追われていてもいけない。現実を見据えたうえで、中長期的な計画と、短期的な計画を持ち合わせていることが不可欠なのだ。

「木を見て森を見ず」という格言は、目先ばかりを気にして視野が狭くなることを戒めている。かと言って木も森も両方見る作業は、言葉で言うほど簡単ではない。これは優れた指導者だけが持ちえる能力である。岩出監督は、焦らず諦《あきら》めず着実に、木の年輪と森全体を見ながら豊かな森林をつくりあげたのである。

今、私は、岩出監督に期待していることがある。それは、トップリーグのチームで勝負してはどうか、ということだ。高校の監督だった彼が帝京大を率《ひき》い始めた頃、「高校と大学は違うんだ」と冷ややかな声を浴びせる者もいた。だが、岩出監督は見事に大学で成功した。その卓越したリーダーシップと組織づくりの知見を学生スポーツの領域だけにとどまらせておくのはもったいない。新しいミッションに移行する時期が、いずれ訪れるような気がしている。

vs 10. 江連 忠

「心は技術で補える」

えづれ・ただし

1968年、東京都生まれ。高校卒業後、アメリカでジム・マクリーンに師事。帰国後、トーナメント参戦のかたわら、プロコーチとして活躍。片山晋呉、上田桃子ら多くのトッププロを育成し、〝日本一のスーパーコーチ〟と呼ばれるようになる。現在も諸見里しのぶらを教えながら、「江連忠ゴルフアカデミー（E・T・G・A）」でレッスンを続けている。

最先端のスイング理論

二宮清純　江連さんはこれまで、数多くの一流ゴルファーを育ててこられました。日本で、プロコーチとして本格的に活動したのは江連さんが初めてではないでしょうか。

江連忠　おそらくそうだと思います。ただ、もともとコーチになろうと思って、プロゴルファーになったわけではないんです。

二宮　きっかけは何だったんですか。

江連　高校卒業後、父の勧めで、ゴルフ修業と語学習得のため、アメリカに留学しました。そこで、プロコーチとして有名なジム・マクリーン氏と出会い、「ドラール・ラーニングセンター」というゴルフスクールで、最先端のスイング理論を学んだのです。そこでは、選手のスイングの様子を映像に撮り、その映像をもとに細かい分析と指導をしてくれます。当時としては大変にシステマチックなスクールで、とても新鮮でしたね。

数多くのゴルファーを「一流」に育て上げた

帰国後、「ドラール・ラーニングセンター」のような施設を探したのですが、当時の日本には同じような施設がありませんでした。そこで、僕自身がアカデミーを開設したんです。その後、片山晋呉をはじめ才能ある選手が入ってくるようになり、彼らが成績を上げていくうちに、プロコーチとしての僕の名前も知られていくようになりました。

二宮　マクリーン氏に教わるまでは、スイングに関する細かい専門的な知識を学ぶ機会はなかったんですか。

江連　僕のゴルフの師匠は棚網良平《たなあみりょうへい》先生です。棚網先生には小学六年生のときから師事しており、僕の人生の師匠でもあります。棚網先生はアメリカ人ゴルファーのスイングを非常に熱心に研究されていて、さまざまな視点から一流ゴルファーのスイングテクニックを教えていただきました。その影響で世界のゴルフ映像を集めた番組も見るようになり、スイングには興味を持っていたんです。ただ、本格的にスイングの研究に取り組み始めたのは、アメリカでベン・ホーガン（男子ゴルフメジャー大会で九勝をあげたアメリカを代表するゴルファー）のスイングに出合ってからですね。

二宮　ベン・ホーガンのスイングのもっとも素晴らしい点はどこでしょうか。

江連　躍動感ですね。デビッド・レッドベター（世界的に有名なプロコーチ）、ブッチ・ハモンド（タイガー・ウッズのコーチを務めた人物）ら一流コーチはみんな、ベン・ホーガンのスイングを研究しています。彼のスイングこそが現代ゴルフの基本になっているわけです。

二宮　そうすると、これまでのゴルフの歴史で、最高のスイングを実践したのは、ベン・ホーガンだと？

江連　そうですね。それと現役の選手ならタイガー・ウッズのスイングは本当に素晴らしいと思います。僕もそういったスイングをまねしようと努力しましたが、どうしても三カ所ぐらいできないところがあるんです。

二宮　ところで、現在、「江連忠ゴルフアカデミー」には、何人の生徒がいるのですか。

江連　子どもを含めると約三十人が在籍しています。

二宮　プロゴルファーになることを目標に、全国から生徒が集《つど》ってきているそうですね。男子と女子では、どちらが多いのですか。

江連　諸見里《もろみざと》しのぶや上田桃子が入ってくる前は男子ばかりでしたが、いまは圧倒的に女子が多いですね。

二宮　なるほど。このスクールの建物ではどういったトレーニングを？

江連　ここでは主に、ビデオ解析やスイングチェック、それと室内トレーニングを行っています。ゴルフ場も完備していますので、そこで実戦形式の練習も行っています。

二宮　環境が整っていて、まるでゴルフ版の〝虎の穴〟みたいですね（笑）。

トータルで一位に

二宮　片山晋呉《しんご》選手との出会いについてうかがいます。片山選手が江連さんのアカデミーにやってきたのはいつですか。

江連　晋呉はアマチュア時代、四十～五十勝していました。ところが大学を卒業し、プロになる前に「自分のいまのゴルフは、プロでは通用しないと思うから、見てほしい」と言ってきたんです。

二宮　片山選手のゴルフを見て、どう思いましたか。

江連　一流選手と比較すると、改善が必要だと思える箇所が二十三カ所ありました。

二宮　二十三カ所も！　それじゃ修正作業は大変だったでしょう?

江連　まずは「僕が考えるゴルフやスイング理論について聞いてくれ」と言って、晋呉のスイングをビデオに撮って解析し、一流選手のスイングと比較しました。そして「クラブが内側に入っているね」「フェイスのねじれが大きいね」といった感じで、一つ一つ指摘していきました。その上で「正直、直したほうがいいと思うけど、おそらく二～三年はかかると

2003年に設立された「江連忠ゴルフアカデミー」

思う。これまで十数年、ゴルフをやってきて自分なりに培《つちか》ってきたものもあるだろうし、実際、それでアマチュアでは優勝してきたわけだから、直すのは勇気がいるよ。その勇気があったら一緒にやろう。よく考えてから返事してくれ」と告げて、いったん帰ってもらったんです。そしたら、晋呉が建物を出てから約五分後に電話をかけてきて、「やります！」って（笑）。

二宮　実際、改善するのには二年くらいかかったと？

江連　ええ。二年間は賞金がゼロでした。本人も苦しかったと思います。ただ「三年後には必ず勝てるようになるから」という僕の言葉を信じ、よく耐えてくれました。

二宮　その後、片山選手は、日本ツアーの賞金王に五度輝くなど、日本を代表するゴルファーに成長しました。彼の活躍で江連さんの存在も注目されるようになったわけですが、その評価を不動のものにしたのは、女子選手の活躍ですね。

江連　晋呉が賞金王をとって沖縄で合宿しているときに、諸見里しのぶや上原彩子がやってきました。特に諸見里については「この子はうまくなるな！」と直感しましたね。

二宮　どういうところで素質を見抜いたんですか。

江連　それは選手によってさまざまですが、晋呉と諸見里に共通していたのは継続力です。言ったことをひたすらやり続ける力ですね。歴代の永久シード選手や歴史に名を残した選手と比較すると、晋呉が彼らよりもずば抜けて優れている点はありません。でも継続力では誰もかなわないでしょう。ほかの選手なら二回しかやらないことを、晋呉たちは二万回やる。

二宮　ずば抜けたものがなくても、勝てたのは、不断の努力の成果だと？

江連　晋呉と日本シリーズを初めて見に行ったときのことです。日本ゴルフ界を代表するそうそうたる選手を目《ま》の当たりにし、僕は晋呉に言いました。「ジャンボ（尾崎将司）さんは迫力がすごい。田中秀道はキレがある。丸ちゃん（丸山茂樹）は思い切りがいい。アイアンは（尾崎）直道さんがすごい。でも晋呉、何か一つの分野で一位になれなくても、すべての分野で二位になろうよ！」って。

二宮　なるほど。すべての分野で二位になれれば、トータルでは一位になれる可能性が出てくる。突《とっ》出《しゅつ》した才能がなくても、トータルで一位になればいいという考えですね。

「継続力」でトッププロに昇りつめた諸見里しのぶ
写真：日刊スポーツ／アフロ

問われる人間力

二宮　プロコーチとして教えていて、もっともやりがいを感じるのは、どんなときですか。

江連　やはり選手が劇的に変わるときですね。（上田）桃子なんかもそうで、一週間で急にうまくなったこともありましたね。

二宮　〝化ける瞬間〟があると？

江連　はい。その上で、これからの選手には、スイングのテクニックとともに、よりいっそう総合的なゴルフの力を身につけられる指導をしていく必要があると感じています。特に人間力を培っていくことが大事ですね。

二宮　持てる力のすべてを総動員して勝てる選手を育てるということですね。ゴルフはよく、メンタルが比重を占めるスポーツだといわれますが、精神力を高めるために、どのようなトレーニングを指示しているのでしょうか。

江連　確かにゴルフはどんなにいい技術を持っていても、心が揺れて、〝一ミリ〟でもずれたら駄目な世界です。もちろんメンタルトレーニングの先生ともお付き合いはあります。ただ僕は、技術でメンタル面をカバーしたいと思っているんです。それこそが僕の仕事だと思っています。

二宮　技術でメンタル面をカバーする。斬新《ざんしん》な発想ですね。

江連　技術が向上することで、気持ちが自然と強くなっていく状態を目指したいんです。

二宮　江連さんの考えに賛同します。スポーツではよく、調子が悪くなるとメンタル面に解決策を求めることがありますが、そのことによって逆に技術上の問題点が見落とされることが多々あります。不調のときは現実から逃げることなく、自身の技術を見直し、その向上をはかる。その上でメンタル面を考えることが大事ではないでしょうか。

勝ち癖を身につける

江連　プロゴルフというスポーツは、女子の場合、年間でも三十数試合しかありません。だから、年間で一勝できればすごいことなんです。二勝できれば超一流、三勝できればスーパースターです。ただし裏を返せば、年間三勝できる選手であっても、一年の大半の試合では負けているわけです。
そういった、なかなか勝利が経験できない世界で長く活躍していくためには、小さいころからできるだけ、勝つ感覚を身につけておくことが大事だと思います。

二宮　勝ち癖《ぐせ》をつけるわけですね。

江連　アマチュア時代に勝つ経験が乏《とぼ》しかった選手は、プロになってからもなかなか勝てないものです。これまで数多くの選手を見てきましたが、やはり勝てる人は、勝利への強烈な執着心を持っていますね。
僕自身もプロコーチという立場で、勝つことにものすごい執念を持っています。生徒たちによく言っているのですが、「これまでアカデミーからは、日本の賞金王、賞金女王が誕生した。でも僕の目標はアカデミーから世界一の選手を輩出し、マスターズで優勝することなんだ」って。

二宮　現状に満足せず、高い目標を設定して挑戦する。これこそが大事なんでしょうね。

江連　そうです。石川遼選手も小学六年生のときにはすでに、「二十歳でマスターズを制覇《せいは》する」と決めていましたよね。その志があったからこそ、十代で日本の賞金王に輝き、マスターズにも出場できたのだと思います。

二宮　アカデミーの玄関には、五十歳までに世界のメジャートーナメントで優勝する選手を育てるといった趣旨の宣言文が掲げられています。常にご自身に言い聞かせているわけですね。

江連　そうです。期限を設けない目標は単なる夢にすぎませんからね。

ただ最近は、選手たちの目標に対する考え方も変わってきているように感じています。たとえば、晋呉は自身の目標達成のために僕を利用するといった感じがあったのですが、最近の女子選手のなかには、〝このアカデミーでいわれるとおりにやっていれば、なんとか活躍できる〟と思ってしまう選手が増えてきましたね。

二宮　貪欲《どんよく》さがなく、受け身になってきたと？

江連　そうですね。ただ、そういう選手であっても、こちらがうまく目標設定をしてあげれば上達していきます。たとえば、無名時代の桃子には、誰もスポンサーがついてくれませんでした。そこで僕が頭を下げて、彼女の生活費を出してくれるスポンサーをなんとか見つけてきたのです。

そして、「賞金ランキング十五位以内に入れば、賞金だけで十分にやっていける」という話をすると、彼女のなかにも〝気づき〟が生まれるわけです。そして十五位以内に入ることを意識して、練習を重ねていった結果、一年後には十三位になっていました。さらに、「稼いだお金で、優秀なトレーナーをつけて体力を強化すれば、賞金女王をとれるぞ。こういうのを先行投資って言うんだ」と話したら、本当に次の年には賞金女王に輝いたんです。

二宮　それはすごい話だ。

江連　目標設定はリアル、かつ面白おかしくすることが大事ですね。「君たちが全米女子オープンで優勝したら、車でパレードしよう。そのときは僕を助手席に乗せてくれ」ってね（笑）。

二宮　具体的でワクワクする目標をつくることが大切なんですね。これからのアカデミー生の活躍が楽しみですね。期待しています。

（『第三文明』２０１１年７月号掲載）

取材後記　メンタルに逃げないところに強さが生まれる

優勝争いに加わる力を持ちながら最後に崩れてしまう選手に対して、往々にして周囲は、次の言葉を使う。

「メンタルの部分が、まだ弱い」

説得力があるようにも思えるが、本当にメンタルの力だけで詰《つ》めの甘さを克服できるのだろうか。私は、いつもこの言葉に違和感を覚えてきた。

この違和感を振り払ってくれたのが、今回の対談だった。指導者として優れた実績を持つ江連さんは、こう言い切った。

「技術で、メンタルはカバーできる」

ゴルフは、四時間程度のラウンドの中で実際にショットに費《つい》やす時間はほんのわずかである。コースを歩き、他のプレーヤーのプレーを待っている時間のほうがはるかに長い。その間、いかにして平常心を保てるかが重要になる点において、ゴルフがメンタルスポーツであるとの言い分は理解できる。

しかし、一方でこう考えることもできる。安易にメンタルの問題と捉えた瞬間から、ある種の逃げ場をつくってしまうことになりはしないか。メンタルに逃げ込まず、自らと正面から向き合い、技術を突き詰めていくことは苦しい作業だ。ましてやトップレベルでの技術の差は紙一重である。その苦しみに耐えきれず、最後のパズルのピースをメンタルに求めようとしたとき、進化は止まってしまうのかもしれない。

スポーツは、頂点を極めた選手であっても、なお技術の追求や研鑽《けんさん》が要求される過酷な世界である。人生と同じように、一〇〇%完成はないのだ。「技術でメンタルはカバーできる」という江連さんの言葉には、ゴルフという競技で技術を徹底的に追求してきた職人としての自負とプライドがにじんでいる。そして、それこそが、彼が名コーチたる所以《ゆえん》であろう。

VS 11. 小林弘幸

「医学の視点から『勝負』を分析する」

こばやし・ひろゆき

1960年、埼玉県生まれ。87年、順天堂大学医学部卒業。順天堂大学医学部教授。日本体育協会公認スポーツドクター。92年、順天堂大学大学院医学研究科（小児外科）博士課程を修了後、ロンドン大学付属英国王立小児病院外科、アイルランド国立病院外科での勤務を経て、順天堂大学小児外科講師・助教授を歴任。日本体育協会公認スポーツドクターとして、数多くのアスリートにアドバイスをしている。

ゾーンに入る

二宮清純　以前、小林先生とお話をした際、バンクーバー冬季五輪の女子フィギュアスケートで金メダルを獲得したキム・ヨナ選手のことが話題となりました。小林先生は、その勝因を医学的な見地から分析されていましたが、その内容が大変に興味深かった。

小林弘幸　ありがとうございます。結論としては、自律神経のなかの交感神経と副交感神経のバランスの話になりますが、まず私がキム・ヨナ選手の演技を見て強く感じたのは、観客と一体になっていたということ。言い方を換えれば、すべての観客を自分の演技に引き込んで味方にしている。そんな印象を受けました。

勝負には交感神経と副交感神経のバランスが重要と語る

二宮　では日本の選手たちは？

小林　日本の選手たちは、演技直前までヘッドホンをかけて音楽を聴いていました。ここで気になったのは、音楽を楽しむというよりは、自分を周囲から遮断しているように感じられたことです。

二宮　なるほど。

小林　もちろん競技に集中するための方法だと思うのですが、あれでは過度の緊張をもたらしてしまうような気がしました。対照的に、キム・ヨナ選手には、先ほど言ったように周囲と一体化している雰囲気がずっと漂っていました。

二宮　すべてを自分にとって有利に引き込んでしまう。いわゆる〝ゾーンに入る〟状態ですね。

小林　そうです。このゾーンに入るというのは、われわれ外科医にとっても大変に重要なんです。手術中に執刀する外科医は、周りにいる麻酔医、看護師などのスタッフと一体になって、流れるように動く状態をつくり出していくことが大事ですから。

二宮　長野冬季五輪の男子スピードスケートで金メダルを取った清水宏保《ひろやす》さんは、ベストのスタートダッシュを切るために、清水さんのリズムにスターターが合わせて発砲するような雰囲気をつくったと言っていました。トップレベルの戦いでは、いかに周囲を味方につけるのかも大切になってきます。

小林　キム・ヨナ選手はまさにそういった状態にあったのだと思います。

適度な緊張感が大事

二宮　では、そのことと交感神経、副交感神経は、どのようにかかわっているのでしょうか。

小林　まず二つの神経を簡単に説明しますと、交感神経とは、昼間、活発に動くときに優位な神経で、これが働くと、脈拍が速まって瞳孔《どうこう》が拡大し、血管が収縮《しゅうしゅく》して血圧が上昇します。緊張、興奮、怒り、不安などを感じたときに強く働きます。一方、副交感神経は、休息するときに優位になる神経で、これが働くと、脈拍は落ち着き、瞳孔は収縮し、血管は拡大して血圧が下がります。心も体もリラックスした状態になっていきます。

二宮　競技中も、この二つの神経がバランスよく働く状態がいいと？

小林　緊張が激しくなると、交感神経だけが過度に優位となり、筋肉の動きが硬くなって、いいパフォーマンスはできません。よく、適度な緊張感のなかでこそいい結果が出せるといわれますが、ある程度のリラックスは絶対に必要なのです。

二宮　キム・ヨナ選手は、この二つの神経のバランスがよかったと？

小林　おそらくそうでしょう。特に演技の構成で見事だなと思ったのは、途中で一瞬足を止めて、指をパチンと鳴らしたところです。そこにはチャーミングな振り付けで観客を取り込むという目的以外に、過緊張の状態のなかでブレイク（小休止）を挟む意図もあったのだと思います。

二宮　あのシーンはショートプログラムの後半で、体がきつく、緊張状態も続いているところですね。

小林　交感神経の働きが強くなると、呼吸は速く浅くなり、体内の酸素濃度が低下し、パフォーマンスは低下します。そういうときにワンクッションを置くことで、副交感神経が働き、さらに伸び伸びと、残りの演技に入っていけたように思えました。

「3対2」の割合

二宮　この適度な緊張状態を生み出すためには、交感神経と副交感神経の割合がどれくらいだといいのでしょうか。

小林　交感神経3に対して、副交感神経は2くらいの割合が、一番いい状態だと思います。

二宮　それは計測可能ですか。

小林　はい。指先にセンサーを取り付けて計測すれば、データが数値としてはっきり表れてきます。

演技に小休止を入れ、金メダルを勝ちとったキム・ヨナ選手
写真：Enrico Calderoni/ アフロスポーツ

二宮　自律神経が「3対2」の割合になると、具体的にはどんな状態になりますか。

小林　緊張感のなかで余分な力が抜けた状態です。たとえば、ラグビーではランパスといって、パスをしながら走る練習を何度も繰り返しますが、最高に美しい形ができるのは、バテバテになるまでやったときだといいます。疲れ切ってくると、余分な力が抜けて最短でボールが投げられるようになり、最も効率的で美しい流れになるわけです。つまり人間は、意識が優先するうちは、無駄な動きが多いともいえます。

二宮　昔、高校野球の夏の甲子園大会決勝で、三沢（高校）の太田幸司さんが延長十八回を投げきった試合がありました。その試合を彼は「疲れていたけれど気持ちがよかった。何回でも投げられそうだった」と振り返っていました。

小林　同じ状態だと思います。先日私が、ソウル五輪の男子競泳背泳ぎで金メダルを取った鈴木大地さんと話をしたとき、面白いエピソードを聞きました。鈴木さんは、決勝でスタート台に立ったときにまず何を考えたか。実は、仲間が自分のことをちゃんと応援しているだろうかということだったそうです（笑）。それで客席を見渡して確認したと。

二宮　つまり、そこで一瞬、間をとったことで副交感神経が働いた。

小林　そうなんです。そして隣にいた優勝候補の選手を見たら真っ青な顔をして、脇を見る余裕すらなかったと。そのときに勝てるかもしれないと思ったそうです。

二宮　心の余裕が神経に作用し、勝敗を分けたんですね。

小林　プロゴルファーも、優勝を決める最後のパットは、カップまでの距離が実際には三十センチほどなのに、一メートルほどもあるように感じることがあるそうです。これは交感神経が過度に働きすぎることによって、目の神経が集中しすぎて、視野が狭くなっている状態です。

二宮　よく勝負では集中力が大事だといわれますが、集中することと緊張することは別なんですね。

小林　本当の集中というのは、険しい表情で一点を睨《にら》みつけることではなく、緊張のなかにもリラックスがあって、自分の周囲の様子を感じ取れる余裕がある状態なのだと思います。よく、一流のアスリートになるためには「心・技・体」が重要だといわれますが、心から始まるこの順番が大事だと思うんです。そして、こうしたメンタルをコントロールしているものこそ自律神経なのです。

呼吸法でコントロール

二宮　では具体的に「3対2」の適度な緊張状態をつくり出すには、どうすればいいのでしょうか。

小林　まず大事なのは呼吸法です。「1対2」の呼吸法。つまり、スッと深く吸って、その二倍の時間をかけてゆっくり長く吐く。これが基本です。人間は緊張したり興奮したりすると、どうしても呼吸が浅くなります。すると脳が低酸素状態になり、冷静な判断ができなくなり、体の動きも悪くなるのです。

二宮　なるほど。そうした呼吸法を取り入れている競技はありますか。

小林　武道では日常的に行っていますね。たとえば、剣術家は正座をして瞑想《めいそう》している状態で、おそらくそういう呼吸法を行っているのだと思います。また同様に、ヨガを実践した後は、副交感神経の数値が上がることが知られています。

少し話はそれますが、プロゴルファーの石川遼選手のすごさをあらためて感じたエピソードがあります。二〇〇九年の全英オープンで石川選手は「何を学んだか」という質問を受けました。それに対して「タイガー・ウッズ選手の歩き方を学んだ」と答えたんです。石川選手は意識していないかもしれませんが、私はそこに、ウッズ選手の呼吸法を見いだしたのだと思っています。

つまり、コース上でウッズ選手は前を向いて堂々と歩いていますが、医学的な観点でいうと、下を向いて歩けば、どうしても気道が狭くなり、呼吸が浅く速くなります。反対に正面をしっかり向いて歩くと、深くゆっくり呼吸ができるのです。私はウッズ選手が、セカンドショットを打ってからグリーンに上がるまでに、しっかり前を向いて歩くことで、そういった呼吸法を実践しているのだと考えています。

二宮　スポーツにはリラックスが必要な一方で、局面においてはアドレナリンを思いっきり出したほうがいいともいわれますが……。

小林　それは、ある意味で交感神経が振り切れる興奮状態に入っているわけです。確かに、戦う前のモチベーションを高めるという点では大事だと思います。しかし、実際に戦いが始まったら、相手の攻撃を避けなければいけないし、試合の流れも考えなければなりません。そのためにはやはり自律神経のバランスが大事だと思うんです。

二宮　興奮状態のままでは力が発揮できないわけですね。
小林　宮本武蔵と佐々木小次郎の巌流島の決闘で、武蔵は対決に〝遅刻〟しましたが、あれなどはまさに、武蔵の作戦だと思うんです。小次郎ほどの一流剣士であっても、イライラした瞬間に「3対2」のバランスを崩してしまい、本当の力が出せなくなってしまったのでしょう。もちろん本人に聞いてみないと真実はわかりませんが（笑）、武蔵は本能的にそういうことがわかっていたのかもしれません。

上からの視線で自分を客観視する

二宮　呼吸法以外で自律神経をコントロールできる方法はありますか。
小林　〝上からの視線〟で、自分を客観的に見ることです。これができると力がすっと抜けて緊張が解けます。
二宮　先ほども名前をあげたスピードスケートの清水宏保《ひろやす》さんが似たようなことを言っていました。試合会場に入って、まずは観客席から自分が滑っている姿を想像するんだと。
小林　頭でイメージしたとおりに体を動かせるのかどうかが大事ですね。そこが勝負の分かれ目になります。実際に体を動かすのは筋肉ですが、それをコントロールするのは神経です。ですから、やはり自律神経がいい状態になっていないと、いいパフォーマンスはできません。また、外でプレーするスポーツでは、自然を味方につけることも神経をコントロールするうえで重要です。たとえば、ゴルフなどはその典型で、風の薫《かお》りや雲の流れ、また咲いている花を見ることでもリラックスができ、呼吸は深くなります。

ゆっくり速く

二宮　なるほど。この自律神経のコントロールは、スポーツ以外にも応用できますね。
小林　そうなんです。ちなみに、外科医の極意に〝ゆっくり速く〟という言葉があります。
二宮　ゆっくり速く？
小林　どういう状態かというと、ゆっくり動いているように見えて、ことがスピーディーに進む状態です。下手な外科医はバタバタせわしなく動いているのに、ことがうまく進みません。
二宮　過度の緊張から、なにを優先すればいいのか、わからなくなっているんでしょうね。
小林　まさに自律神経を制する者は勝負を制するといえます。また人間は一日のなかで、交感神経と副交感神経の波があります。それにのっとって仕事をすると能率が上がりますよ。
二宮　と言いますと？
小林　朝起きると、そこから徐々に交感神経の働きが活発になり、昼食後の午後二時ごろからは逆に、副交感神経が活発になっていきます。だから、この時間帯に眠気が襲ってくるわけです。その後再び交感神経が優位になりますが、夜は寝る時間に向かって副交感神経が上昇し、眠くなっていきます。ですので、副交感神経が優位な時間に重要な仕事をしても、能率はそれほど上がりません。

大事な仕事は、交感神経が高めで、ちょうど自律神経のバランスがいい、午前十〜十一時ごろに行うのがいいと思います。

二宮　なるほど。大切なことは午前中に済ませるほうがいいわけですね。非常にためになる、興味深いお話を聞くことができました。

（『第三文明』2010年8月号掲載）

取材後記

十分な検証の後には、言い切ることも大事

小林先生と最初に会ったのは、もう二年ほど前だが、その後の活躍は目覚ましいものがある。著書も大ヒットし、各メディアでも頻繁にお見受けするようになった。だが、実際に対談をしてみると、先生が人気を集める理由がよくわかる。なにしろ話に説得力があって、面白いのだ。

医学的な知見は、我々素人には是非がつきにくいものだが、小林先生は、それをわかりやすく、しかも日常生活の中で広く応用できるような形で提供しようと心がけている。スポーツとは無縁の生活をしている者でも、ビジネス上のいざという勝負の時に、ここで紹介された呼吸法などを実践してみるといいかもしれない。

ポイントとなるのは、交感神経と副交感神経のバランスである。過度の緊張も過度のリラックスもよくない。適度な緊張が最高のパフォーマンスを生み出すという指摘には説得力があった。特に、外科医の手術現場におけるゾーンの話や、キム・ヨナ選手の演技に関する独自の分析は、実に興味深かった。

ところで小林先生の話がわかりやすいのは、「言い切る」からではないかと思う。宮本武蔵と佐々木小次郎の巌流島の決闘で、佐々木小次郎の敗因は交感神経と副交感神経のバランスを崩したことにあるのではないかという推論は、誰も見ていないのだから実際のところはどうだったかわからない。しかし、そう言い切ることで説得力が生まれる。

これは、あらゆることに共通するのだが、物事は、推論を立てて検証した先は、一度どこかで断定したほうがよいと、私は考えている。断定してわかりやすく問題提起をすることで議論はさらに深まる。あいまいなままでは批判もされないが、進歩もない。日本人の悪い癖は、あいまいな表現で逃げることにある。私には小林先生自身が退路を断って勝負するアスリートのように感じられた。

vs 12.

吉原知子

「知恵と技術の継承を大切に」

よしはら・ともこ

1970年、北海道生まれ。北海道立妹背牛《もせうし》商業高校卒業後、88年に日立バレー部に入部。92年のバルセロナ五輪に出場後、95年に日本人初のプロ選手として、イタリアセリエAアンコーナに入団。96年にアトランタ五輪に出場。2004年のアテネ五輪では、主将として2大会ぶりの出場へ全日本を牽引。06年に現役を引退する。

エリート集団・日立に入社

二宮清純　吉原さんは高校三年生のときに全日本女子（以下、全日本）に選ばれました。そして翌年には、エリート集団といわれた日立に入社します。当時の日立には、中田久美選手、大林素子選手ら有名選手がたくさんいて、チームがそのまま全日本といった感じでしたね。

吉原知子　正直、あのチームでやっていけるとは思っていませんでした。とりあえず三年間頑張って、駄目だったらそのとき考えようと（笑）。しかも、入社直前にアキレス腱を切ってしまったんです。当時は、アキレス腱を切ってしまえば、（選手としては）もう駄目だといわれていた時代でした。

二宮　ジャンプ力や動きに影響が出る恐れがある。それは大変でしたね。

吉原　ところが、山田重雄（当時の日立）監督から「お前は次のオリンピックに出る選手だから、いまはしっかりと体をつくれ」と声をかけてもらったんです。その言葉を信じて、けがを完治させ、

引退後もバレーボール発展のため尽力している

練習や試合に励みました。

そして実際に、バルセロナ五輪に出場することができたんです。山田監督は、全日本の監督としても日本に金メダルをもたらした方ですが、選手の先を見通せる目には感心させられましたね。

二宮 ところが、その後、一九九四年にあの〝解雇騒動〟が起きましたね。

吉原 まあ、いろいろありまして……。結局、私と大林さんは会社から解雇を言い渡されました。話し合う余地もなくシャットアウトされてしまい、急遽《きゅうきょ》、寮からも出なければいけなくなったんです。

二宮 当時の日立といえば全日本の核となっていたチームでしたから、日立を解雇されれば、次の五輪出場のチャンスもほぼ消滅する。将来に対する不安は大きかったでしょう？

吉原 不安でしたし、また同時に投げやりな気分にもなっていました。その後しばらくして、イタリアのプロリーグからお誘いを受けたんですが、〝もうバレーボールはいいや〟と思っていたので、当初、行くつもりはありませんでした。

二宮 でも、結局はイタリアに行きました。決断の理由は？

吉原 解雇報道が出た後、どこに行ってもメディア関係者がいて、さまざまな質問を投げかけられました。すると次第に、何か悪いことでもしたかのような錯覚に襲われるようになったんです。なんとか〝この状況から抜け出したい！〟と思い、とりあえずイタリア行きを決めました。

イタリアで自分を見つける

二宮　イタリアでは、バレーボールが非常に盛んで、その人気も高い。イタリアでのバレーボールを取り巻く環境はどうでしたか。

吉原　まず一つ一つのプレーに、拍手喝采やブーイングが起こるんです。プレーヤーとして最高の場所だなと思いました。選手も観客の期待に応えようと、ガッツポーズの練習までしている（笑）。これがプロの世界なんだと実感しました。それに日本では、目上の人に対して自分の意見を言わずに従うことがよしとされます。でも、イタリアでは自分の意見を言わないと「なによ、この腹黒女」といった目で見られるんです（笑）。だからよくも悪くも自分をさらけ出さないと受け入れてもらえない。この経験が自分を変えるチャンスになりましたし、本当の自分を見つけるキッカケにもなりました。

二宮　「人間万事塞翁《ばんじさいおう》が馬」という言葉がありますが、日立を解雇されてイタリアに行き、それによって本当の自分を発見できたわけですね。

吉原　イタリアに行かなかったら、もっと早く現役を引退していたかなと思います。

二宮　その後、吉原さんは、アトランタ五輪に出場するため日本に帰国します（ダイエーに所属）。そしてアトランタ五輪の後は、東洋紡、パイオニアと移籍し、すべてのチームを優勝に導いて優勝請負人と呼ばれるようになりました。

ちなみに東洋紡にいたころ、当時の監督だった柳本(晶一)さんを怒鳴ったというエピソードがありますね(笑)。

吉原　柳本監督に会うと、いまでも言われます(笑)。

あのときは、優勝のかかった試合にもかかわらず流れが悪かった。私たちがイライラしているときに、すぐそばで柳本監督がいろいろと言うわけです。それで腹が立っちゃって、「うるさい!」って怒鳴っちゃったんですよね(笑)。

二宮　それはすごい(笑)。

吉原　そしたらタイムアウトのときに、柳本監督が「おい、お前、俺はそんなにうるさいか?」って。そこでも私は「いまは、それどころじゃないんです」って答えちゃって(笑)。最終的に試合には勝ちました。まあとにかく、勝ちたいという思いが強いから、本気でぶつかることができたと思いますね。

若返りへの悔しさ

二宮　アトランタ五輪以降、日本バレーボール協会は世代交代を強引に推し進め、吉原さんを全日本から外しましたね。私は、そのニュースを聞いて、代表は年齢で選ぶものかと疑問を抱いたものです。吉原さんも腑《ふ》に落ちない部分があったんじゃないですか。

吉原　当然、納得できませんでした。だから、年齢は関係ないということを証明しなければと思って頑張ったんです。結果的に、意地になって頑張ったことによって、その分、現役を長く続けられたのだと思います。

二宮　その後、全日本の成績はどんどん下降していき、シドニー五輪には、出場すらできませんでした。この時期、吉原さんはどんなことを考えていましたか。

吉原　当時の私はVリーグで優勝して、個人でも毎年ベスト6に入るなど、もっとも充実した時期をすごしていました。だからこそ、年齢的な理由だけで代表を外されたことに、悔しい思いがありましたね。

その当時の全日本の選手たちは、経験が浅く、世界の舞台でかなりの重圧感を感じていたように見えました。そういう意味では本当にかわいそうでしたね。

二宮　吉原さんは、それまでに二度、五輪に出場していたわけですから、当然、その経験を伝えたいという思いもあったでしょう。

吉原　自分がどうこうというよりも、全日本が五輪に出場できず、バレーボールがマイナーな存在になってしまうと、競技人口も減ってしまうわけです。そこは何とかしなければいけないと思っていました。

キャプテンとして代表復帰

二宮　二〇〇三年、全日本の復活をかけて、柳本さんが新監督に就任します。そして吉原さんを

現役時代の吉原さん（2004 年）。若い日本代表選手たちをキャプテンとして牽引した
写真：アフロスポーツ

キャプテンとして代表に呼び戻しました。当時、どん底の状態にあった全日本を、経験者として立て直す責任の重さを感じたんじゃないでしょうか。

吉原　すごく感じましたね。でも本当はキャプテンになるつもりはなかったんです。会見場で「キャプテン」と紹介されて、引き受けざるを得なくなった（苦笑）。

二宮　栗原恵選手や大山加奈選手、また木村沙織選手ら、若い世代の選手が増えていました。世代間のギャップは感じませんでしたか。

吉原　正直、最初はありました。どう接していいのかわかりませんでしたし、彼女たちもなかなかチームに溶け込めていませんでした。どうやら私は、彼女たちから〝怖い人〟だと思われていたようなので、逆にこちらから、一日に三十～四十回、話しかけにいきましたね。

二宮　それはすごいコミュニケーションの回数ですね。ちなみにどんな話をしたんですか。

吉原　バレーボールとは関係のない学校やテレビドラマの話です。そうすると、徐々に彼女たちからも、「ねえ、知さん、あのドラマ見ました？」って、話しかけてくれるようになったんです。これで私の役割は一つ終わったなと思いましたね。

二宮　吉原さんが日立や昔の全日本にいた時期と比べて、上下関係に変化はありましたか。

吉原　だいぶ変わっていましたね。ただ最低限、変えてはいけない部分については、しっかりと伝えました。あとチーム競技では雰囲気が大事なので、そのために三つの約束事を決めたんです。

二宮　どんな約束ですか。

吉原　コートに立ったら一〇〇パーセントの力を発揮すること、陰でこそこそ人の悪口を言わないこと、そして目標を見失わないことの三つです。

二宮　リーダーが的確な指針を示す。これが成功する組織の第一条件なんでしょうね。

一貫教育で強くする

二宮　世代交代を行う際に大事なのは、世代間のつながりをもたせることであり、知恵と技術の継承です。それでこそ強さが持続されます。もし、そのつながりが途切れてしまえば、修復にはかなりの時間がかかってしまう。全日本がシドニー五輪の出場を逃したときは、この継承に断絶が起きていたと思うんです。

吉原　私もそう思います。七年ぶりに全日本に復帰したとき、以前と比べてもっとも異なっていたものは何か。それはモチベーションなんです。以前は選手たちの間で、いちいち確認しなくても、オリンピックでメダルを取るというのが共通の目標でした。それが二〇〇三年時点のチームには、アジアで勝てればいいといったようなある意味、生ぬるい雰囲気があったんです。

また、失敗しても許される空気がありました。たとえば甘いボールが来たら、以前はセッターが一歩も動く必要のない場所にボールを返すのが当たり前でした。ところが、一、二歩動く程度のボールでもオッケーといった感じがありましたね。

二宮　つまりプレーに対する厳しさ、執念に欠けていたと？

吉原　そうです。だから私は、できないんだったら練習しよう、勝ちたいんなら練習しようというところからスタートさせたんです。

二宮　なるほど。吉原さんの頑張りもあって、〇四年のアテネ五輪では、全日本は二大会ぶりの五輪出場を果たし、ベスト8に進みました。吉原さんがいなければ、日本はしばらくの間、五輪に出られなかったかもしれない。

吉原　自分が何か特別な仕事をしたとは思っていませんが、先輩から受け継いできたものを、後輩に継承できたという思いはあります。でも、本当はやはりメダルが欲しかったですね。まだ力不足でした。

二宮　現在、世界のバレーボールのレベルは年々高くなっています。速さや高さが増し、日本人のアドバンテージが生かせない展開が多くなっているように感じます。今後、日本がいっそう強くなって、再びメダルを取るためには何が必要だと思いますか。

吉原　やはり一貫教育だと思います。強いチームを見ていると、長い期間を費やして、選手に経験を積ませながら育てています。指導に一貫性を持たせながら、先を見据えた計画性が大事だと思います。

（『第三文明』２０１０年12月号掲載）

取材後記

過去を恨まないという強さ

実人生において順風満帆な時間が続くなんて、そうはない。吉原さんも日立を解雇されるという思わぬ逆境に直面したが、それをバネにイタリアで本当の自分を発見するに至った。対談の中で私は「人生万事塞翁《さいおう》が馬」という表現を使ったが、「禍福《かふく》は糾《あざな》える縄の如し」とも言えるだろう。人生は不確実で、その不確実なものこそが後々の人生の養分になる。

しかし、その養分を確実に自分の成長につなげられるかは、その人次第だ。吉原さんがマイナスをプラスに転じられた理由は、過去を恨まない姿勢にあるのではないかと感じる。日立を解雇されたことに対し、内心「裏切られた」との思いもなくはあるまい。しかし、彼女はそれについて多くを語らない。過去に唾《つば》することは自分に唾することである。野村克也さんが「人生には三つの坂がある。上り坂、下り坂、そして、もう一つは〝まさか〟」と語っていたが、そのまさかの時の振る舞いに人間としての器量が試される。

もう一つ、世代交代に関する話も組織論として非常に興味深かった。スポーツに限らず、どんな組織にも世代交代は避けられない。ゆえに、世代交代がうまくできるかどうかは組織が永続的に発展できるかどうかの分岐点となる。

新しい人材がトップに立つと、前任者を否定することから始めるケースがあるが、これはよくない。知見や技術の継承は極めて重要で、それをばっさり切り捨ててしまうと、次の芽が出るまでずいぶんと長い時間がかかってしまうものなのだ。受け継ぐべき遺伝子と切り捨てるべき遺伝子を見極めることができるか。これがもっとも大切なリーダーの資質だと私は考える。

吉原さんは、日本バレーが強かった時期と低迷期の両方を体験している数少ない存在である。だからこそ、その経験をぜひ次のステージで生かしてほしいと願わずにはいられない。

VS 13.

舞の海秀平

「国技復活への私案」

まいのうみ・しゅうへい

1968年、青森県生まれ。日本大学相撲部出身。90年に出羽海部屋に入門。同年5月場所に幕下付出しとして初土俵を踏む。91年3月場所で、十両に昇進し、同年9月場所には幕内入りを果たす。数々の技を繰り出し、〝技のデパート〟との異名を取る。99年11月場所限りで引退するまでに、技能賞を5回受賞。最高位は小結。現在はNHK大相撲解説者を務めるほか、スポーツキャスターとしても活躍している。

番付や部屋を越えて〝仲がいい〟

二宮清純　舞の海さんは以前、ラジオの番組で「相撲部屋には更生施設的な役割もある」といった話をされていましたね。実際、相撲部屋には〝やんちゃ〟をしていた子たちも入ってくるんでしょうか。

舞の海秀平　はい。もちろん中学・高校時代から相撲を取っていて、そのまま大相撲の世界に入ってくる子が多いのですが、なかには〝地方の暴れん坊で体が大きい〟といった点だけで入門してくる子もいます。すぐに辞めてしまう子もいますが、なかには持ち前の負けん気を発揮して、大相撲の世界で伸びていく子もいるんです。たとえば、千代大海（現・佐ノ山親方）がそうですね。

二宮　千代大海は元暴走族だったという話ですね。舞の海さんの現役時代は入門者が多かったと思いますが、途中で辞める力士も多かったのですか。

舞の海　三カ月で辞めていく子や一年で辞める子がいたりと、いろいろでしたね。ただ、いまの子

現在はスポーツキャスターとして活躍している

どもたちは、昔のように厳しくすると耐え切れなくなって駄目になってしまう。太っているだけで運動の不得手《ふえて》な子も多い。昔のようなハングリーさはなくなっていますね。

二宮　大学相撲部出身の力士もそうですか。

舞の海　ちょっと前まで大学出身の力士には、入門がほかの力士より六～七年遅れている分、一日も早くいい成績を残して、大相撲の世界で活躍していこうという思いが強かったんです。ところがいまは、そういう気持ちが希薄ですね。

二宮　大相撲の世界では、年齢ではなく、入門日の早いほうが先輩なんですよね。

舞の海　そうです。私も大学を出て出羽海《でわのうみ》部屋に入門したんですが、中学校を卒業したばかりの〝兄弟子〟たちからは、呼び捨てにされていました。

二宮　そういう状況だと、余計に〝なにくそ！〟という気持ちが湧《わ》いてくるでしょう。

舞の海　それが最近の力士は、なかなかそういう気持ちにならないみたいなんです（笑）。あと近年の特徴といえば、皆〝仲がいい〟ということですね。番付や部屋の違いを越えてフレンドリーです。たとえば、幕下の力士が横綱や大関に対して「いま、ここで飲んでいるから来ませんか」なんてメールをするぐらいですから（笑）。

二宮　本当ですか!?　かつては番付一つで天と地ほどの差があるといわれたものですが、信じられないですね。

頭にシリコンを入れてでも

舞の海　横綱審議委員会の稽古総見《そうけん》にも変化が見られます。昔はまず幕内力士が稽古をし、そこに大関が入ってくる。そして最後に横綱が入ってきて、稽古を締めていたんです。ところが朝青龍《あさしょうりゅう》（第六十八代横綱）が横綱として活躍し始めたころからは、幕内力士が稽古をしていると、朝青龍がいきなり土俵に上がってきて、勝手に稽古を開始するんです。

二宮　それに対して誰も注意をしない？

舞の海　はい。昔なら親方衆から雷が落ちていましたよ。

二宮　それだけ親方の威厳も弱まっているということでしょうか。朝青龍だからそうなったのか、それとも、それ以前からそういう雰囲気が蔓延《まんえん》していたのか……。

舞の海　両方ですね。大相撲の規律が乱れていくなかで、朝青龍が出世してきたという……。

二宮　なるほど。その点では同じモンゴル人横綱でも、白鵬《はくほう》（第六十九代横綱）と朝青龍は全然違いましたね。以前、白鵬とテレビ番組で対談したのですが、横綱は双葉山が連勝をストップさせられたときに発した「我、いまだ木鶏《もっけい》たりえず」という言葉を知っていましたよ。

舞の海　白鵬はよく勉強しています。報道陣へコメントをする際も場の空気をしっかり読んでいる。彼は相撲が好きで力士になりましたから、意気込みが違う気がしますね。

二宮　相撲への意気込みという点では、舞の海さんも負けていませんよね。新弟子検査に合格するために、頭にシリコンまで入れたわけですから（笑）。

舞の海　一度、身長が足りず検査で落ちていたので〝今回落ちたら人生が終わる〟というぐらいの覚悟で臨みました。当時の検査の基準は一七三センチで、私は四センチ足りなかったんです。その分をシリコンで補いました。

二宮　そもそも、身長などの制限をもうけること自体が間違っていると思います。体格で制限をもうけるなら階級制にすべきでしょう。そうではなく〝小よく大を制す〟が相撲の醍醐味《だいごみ》だというのなら制限はなくすべきです。

舞の海　私もそう思います。今後、身長は低いけれども、ものすごい身体能力と強靭《きょうじん》なバネを持った子が現れるかもしれませんしね。

二宮　それにしても、シリコン手術は痛かったでしょう（苦笑）。

舞の海　ええ。実は、当分お酒を飲めなくなると思って、手術の前日から当日の朝まで飲んでいたんです（笑）。

二宮　じゃあ麻酔も効かなかったんじゃないですか⁉

舞の海　そうなんです。頭にメスを入れるたびに痛くって（笑）。手術の後も、三日間ほど激痛で眠れませんでした。

二宮　そこまでして力士になりたかったとは……。すごい執念！

舞の海　もし、大相撲力士として活躍できないのなら、故郷（青森）には帰らないと決意していました。入門に当たっては「その体じゃ無理だ」という意見がほとんどだったので、駄目だったら「ほら見たことか」と言われてしまう。それが嫌で必死に頑張りました。

いまも語られる曙との名勝負

二宮　もう少し、現役時代のことをおうかがいします。舞の海さんは小兵ながら小結までのぼりつめました。ちょうど曙《あけぼの》（第六十四代横綱）や武蔵丸《むさしまる》（第六十七代横綱）などが出てきて、力士が大型化していた時代でしたね。私がいまも覚えているのは、立ち合いで曙の巨体の下に潜り込み、三所《みところ》攻《ぜ》めをしかけた相撲です。当時、多くの子どもたちが舞の海さんのマネをしていましたよ。

舞の海　あれについては何カ月も前から作戦を練っていました。曙は立ち合いで、もろ手突《づ》きをしてくることが多かったんです。その際に、フェイントをかけてしゃがみ込み、懐のなかに入っていこうと考えました。

二宮　なるほど。

舞の海　体の大きな力士を相手に稽古を繰り返していました。いつもより上体を高くして当たる振りをし、相手がつられて高く出てくれば、そのスキに潜り込む。情報が漏れるといけないので、誰も見ていないときにこっそりとやりました。

二宮　確かに曙の体格を考えると、あの勝ち方しかありませんね。ちなみに小錦《こにしき》は？

舞の海　私が対戦したころは、小錦さんの土俵人生は晩年でしたので、動きはだいぶ鈍くなっていましたね。

二宮　小錦との体重差は百五十キロ以上。正直、重かったでしょう？

舞の海　一度、小錦さんの体が左足に乗っかったことがあって、靭帯《じんたい》を二本断裂しました（笑）。

二宮　二本も⁉　ある意味、交通事故に遭ったようなものですね（笑）。

舞の海　それに小錦さんは横幅が大きいから、どちらにも回り込むことができないんです。脇の下をかいくぐるのにも肉が邪魔で入り込めない……。

1991年11月場所で曙に三所攻めをしかける　写真：日刊スポーツ／アフロ

二宮　攻めるに攻められない。
舞の海　じっと前に立っていられると、何もできないんです。だから何とか動いてもらうようにしていましたね（笑）。

相撲は本来知恵比べの競技

二宮　舞の海さんの大相撲解説は、お世辞ではなく、一番正確で、かつ、わかりやすい。いつも楽しみにしています。
舞の海　いやいや、ありがとございます。
二宮　大相撲の解説ではよく、力士が前に出る相撲を取るだけで、勝ち負けに関係なく「いい相撲でした」といわれる。これはどういうことなんだと、ずっと疑問に感じていました。
ところが、あるとき舞の海さんが、ただ前に出るだけじゃいけない、なぜ丸い土俵を有効に使わないのか、といった解説をされていたんです。その瞬間、我が意を得たりと思い、膝《ひざ》を打ちました。ただ「前に出るのがいい相撲だ」というだけなら単なる無為無策《むいむさく》です。それに前に出ることだけを考えて、相手にヒョイとかわされたら、それで終わりでしょう。そんな一か八かの相撲は意味がないし、面白くもない。なのに「前に出て、いい相撲でしたね」なんて。こんなことを続けていたら相撲の魅力が伝わらない。ますますファン離れが進むと危惧《きぐ》をしていたんです。
舞の海　まったく同感です。いまは〝あんこ型の力士〟が多くなっていろんな技が出せなくなってきた。それも相撲がつまらなくなった原因の一つだと思うんです。前に出てかわされたときや、押しても駄目なときにはどうするのか。本来はそこまで作戦を考えるべきなのに、それができていない。

二宮　私の周囲にも「相撲って体の大きな人が勝つんでしょ」「当たって土俵の外に出したら終わりでしょ」と言う人が少なくない。こういう考えになるのも、一つには解説に問題があるからでしょう。相撲は本来、力比べであると同時に知恵比べでもある。そこに駆け引きの妙があるのに、残念ながら放送席からはそれがなかなか伝わってこない。

舞の海　いまは勝負が刹那《せつな》的になっていますね。

二宮　このところ、土俵での取組時間がとても短くなっているように感じますね。昔はよく水入り（長時間の取組になった場合、行司が一時中断すること）があったり、土俵際の息をのむ攻防がありましたよ。

舞の海　そこが相撲の醍醐《だいご》味《み》だったんですよね。いまは力士が太りすぎていて、筋肉も弱くなり、スタミナ不足も重なって、長時間、四つに組んでいられないんでしょうね。

相撲ファンの裾《すそ》野《の》を広げる

二宮　舞の海さんの意見で非常に興味深いと感じているものがあります。ちゃんこを食べた後の昼寝は無駄だと。

舞の海　無駄ですね。昔は皆、痩せていたから体重を増やすために食後の昼寝をしていたんです。それに体重を増やすといっても、昔は九十キロとか、百キロぐらいを目標にしていました。それがいまは最初から百七十〜百八十キロ近くある力士もいる。これ以上、増やす必要はありません。

二宮　昼寝よりも、取組の映像を見て研究をしたり、トレーニングをしたほうがよっぽどいいですね。

舞の海　解説でも最近よく言うのですが、ある程度はダイエットをして、むしろ体を絞るべきだと思います。筋力をつけ、動きにスピードを出すことも必要です。

二宮　たとえば、ある部屋の親方が、現役時代、あんこ型で押し相撲の力士だったとします。そこに筋肉質タイプの弟子が入ってきた。その場合、弟子をほかの部屋に行かせて、四つ相撲の技術を学ばせるといったことはあるんですか。

舞の海　それはないですね。その親方は弟子に対して、自分と同じような押し相撲を教えることが多いのではないでしょうか。

二宮　それだと、弟子の持ち味が発揮できないですよね。

舞の海　自分らしい相撲が取れずに辞めていった力士も多いと思います。

二宮　部屋付の親方もいますが、彼らは、野球でいうところのバッティングコーチやピッチングコーチのように役割を分担して、稽古を見たりはしないんでしょうか。

舞の海　そういうことはないですね。

大相撲人気回復に向け改革が求められる相撲協会　写真：日刊スポーツ／アフロ

二宮　確か親方になるための基準は……。

舞の海　十両以上で一定の実績を残した力士で、年寄名跡《としよりめいせき》を取得できた人です。

二宮　つまり親方になる基準は強さと資金力ということですね。現在、サッカー日本代表の指揮を執るアルベルト・ザッケローニ監督は、プロのリーグでは選手としてプレーしていません。でも、自らいろいろとサッカーの勉強をして指導者としてのキャリアを積んでいった。なかにはそういう親方がいてもいいんじゃないでしょうか。名選手が必ずしも名指導者になれるわけではないのですから。

舞の海　ただ実際は、なかなか難しいと思います。いまの相撲界では、現役時代の番付がどこまで上位だったかがすべてですから。

二宮　舞の海さんは小結まで行ったわけですが、それでも「小結ふぜいが何を言う」といった雰囲気はあるんでしょうか。

舞の海　正直あります。それに私は、解説をさせてもらってはいますが、もう〝外の人間〟だという見方もされていますし……。

二宮　要するに廃業した者は、もう外部の人になるわけですね。

舞の海　そうですね。

二宮　いま日本の相撲界は生まれ変わるチャンスを迎えています。というのも、文部科学省は、幅広い年代の人々がさまざまなスポーツにふれる機会を提供する地域密着型の「総合型地域スポーツクラブ」（一九九五年から実施されているスポーツ振興策の一つ）の拠点を全国に三百ほどつくり、元選手を指導者として配置しようとしているんです。相撲協会はこれをチャンスと捉えて、舞の海さんのようなOBをコーチに任命し、各地のクラブづくりに協力すべきだと思うんです。これだけで相撲人口の裾野《すその》はぐんと広がりますよ。

舞の海　すごくいいアイデアですね！

二宮　あと相撲協会には何十億円もの内部留保金があるといわれています。そのお金を使って、子どもたちのために全国各地に土俵をつくったほうがいいのではないでしょうか。それでこそ公益法人です。少子化で入門者が減少しているのに、底辺拡大の試みがあまり見られない。

舞の海　力士を育てるためだけではなく、新たなファンをつくるためにも裾野を広げることは大切ですね。

（『第三文明』２０１０年11月号掲載）

取材後記　小よく大を制するためには、知恵を出せ

大相撲中継で、舞の海さんの解説にはいつも感心させられる。

対談でも話題になったが、土俵で一直線に前へ出ようとした力士が、相手の引き技に、ばったりと前に倒れて負けたとする。多くの解説者は、それでも「前に出ましたね。いい相撲でした」と負けた力士を評価する。一方で、勝った力士に対しては「引くのはよくありませんね」などと苦言を呈する。

では、単純に前に出るのがいい相撲なのか。だったら、極論すれば引き落としやはたき込みを禁止にすればいい。それはやはり違うだろう。土俵はなぜ丸いのか。この丸さを利用し、多彩な技と知恵を駆使することにこそ、相撲の醍醐味があるのではないか。これを無視して精神論ばかりを唱えていては、残念ながら相撲の面白さは観ている者に伝わらない。

相撲は究極の無差別級勝負である。百キロの力士が二百キロの相手に立ち向かう。その時に単に前に出るだけで勝てるわけがない。小よく大を制するためには、さまざまな知略が求められる。そ

こにこそ相撲の精髄があるのではないか。そして、これは企業や組織においても同じことが言える。

その意味で舞の海さんは、相撲界の常識にとらわれない柔軟な発想を持っている。この対談でも彼は「昼寝不要論」を提案した。力士は通常、昼飯をとったあと昼寝をするが、あるベテランの親方から「あれはただ寝ているだけではなく仕事である、太るための仕事なんだ」と聞いたことがあった。私も「なるほどそうなのか」とその時は納得していたが、舞の海さんの「昼寝をしている時間があったら稽古していたほうが力がつく」という意見は至極、真っ当だ。

これについては、もちろん反論や批判があるかもしれない。だが、元力士ならではの視点は検証に値するはずだ。そもそも、昔の力士はもっと筋肉質で単にブクブク太っていたわけではなかった。いまは、ただ体が大きいというだけで、芸のない力士が増えてきた。その意味でも、昼寝の意義を考え直す時期に来ていると思う。

私は舞の海さんにはいつか、若い力士を育てる側に回ってもらいたいと思っている。しかし、対談内でも触れたように、一度、日本相撲協会を離れた舞の海さんは親方として力士を指導することができない。これは改めるべきだ。〝土俵の充実〟を叫ぶのであれば、〝親方の充実〟は避けて通れない問題であると思うのだが……。

VS 14. 小宮山 悟
「勝つための投球論」

こみやま・さとる

1965年、千葉県出身。芝浦工大柏高校から早稲田大学に。90年にドラフト1位でロッテに入団。95年バレンタイン監督に出会い、97年には最優秀防御率のタイトルを獲得。99年オフ、ロッテを自由契約になり横浜に移籍。2001年オフにFA宣言し、アメリカ・メジャーリーグのニューヨークメッツに入団。04年にロッテに復帰し、05年にはチームの日本一に貢献した。09年限りで引退し、現在は野球解説者。

引退を決めたきっかけ

二宮清純　二〇〇九年に引退を決断したとき、未練はなかったですか。

小宮山　なかったですね。十分にいろんな経験をさせてもらったので。よくやったなと思っています。

二宮　やはり体力の低下は感じていましたか。

小宮山　週に一度ぐらいの登板であれば、まだ投げられたと思いますが、リリーフの仕事ってそういうわけにもいかないんです。年々体力が低下し、回復が思わしくないときもあったので、そろそろ潮時かなと思いましたね。

二宮　どんなときに体力の低下を感じました？

小宮山　投げた翌朝、起きるのが億劫《おっくう》になってしまいましたね。体の節々が悲鳴をあげたり、投げていないのに肩が重たい日もありました。布団から出ようとすると、〝俺、普通に立てるかな〟って感覚になったときもありましたね。こういう経験のない人にはうまく伝えられないんですけど、痛

現在は野球解説者として活躍している

いとかじゃなくて、もう起きること自体が嫌なんです。
二宮　それは、いつごろからですか。
小宮山　引退の二、三年前からですね。これが衰えなんだと思います。

人生最高のピッチング

二宮　小宮山さんがプロ野球に入ったころはまだ、百四十キロ台後半のスピードボールがありましたが、途中からは「投げる精密機械」と呼ばれるほど、コントロールにこだわったピッチングに変わっていきました。
小宮山　一九九五年にボビー・バレンタインがロッテの監督になったときから変わりました。球数を少なくしようと思ったんです。
二宮　バレンタインのピッチャー観というのは？
小宮山　決して無理をさせません。選手が体調不良のときなんか、周りから見れば過保護に近い扱いをします。
二宮　それに対して始めは違和感があったのでは？
小宮山　僕らは投げることが商売だから、痛かろうが悪かろうが投げるという感じだったんですが、監督はそうじゃないんです。
二宮　よく考え方を転換できましたね。

小宮山　言い方は悪いですが、騙《だま》されたと思って一年間は監督の言うことを聞こうと腹を決めたんです。すると、その年は、僕のキャリアのなかでもっともいいシーズンになりました。

二宮　九五年のシーズンですね。成績は十一勝四敗で、防御率も二点台。やはり日ごろの投げ込みも制限されていたんですか。

小宮山　そうです。基本的にはアメリカンスタイルですから。時間を決められて、一日おきに十五分ぐらいの投げ込みをしていました。また日本のプロ野球は開幕ダッシュを重視しますが、ボビーはそれほど重視せずに、ピークをシーズン最後にもっていくという考え方だったので、序盤は無理をさせない起用法でした。僕にとってはこれがよかったと思っています。

二宮　アメリカ流では先発ピッチャーの責任イニングは六回、球数は百から百十球です。長いイニングを投げようと思えば、必然的にコントロールに磨きをかけなければなりません。

小宮山　監督は、球数が百から百二十ぐらいになると交代させるので、その球数で五回まで投げるのと、七、八回まで投げるのとでは、当然、後者がいいわけです。

　そのためには、うまく打たせて取ることが大事になってくる。バッターが見逃すところ、スイングするところ、打てるところ、打てないところなど、本当に細かく調べて対戦したんです。一球でアウトになると本当に助かるので、初球からスイングしてくれそうなところにいつも投げていました。

二宮　ボールをかすかに変化させることで、バットの芯を外すわけですね。

小宮山　同じ真っすぐでも、ちょっと力を抜いたり、速さを変えたり、〝打てそうで打てないボール〟を投げて、いかに打ち取るか〟にこだわり続けてきました。

二宮　もっとも理想的なピッチングができたのはいつごろですか。

小宮山　九七年十月に神戸で行われたオリックス・ブルーウェーブ（当時）戦で、八回を〇点に抑《おさ》えた試合です。この日のピッチングが、僕の野球人生のピークでしたね。

二宮　自身の最高傑作。

小宮山　そうです。ここに投げたらバッターは空振りするだろう、詰《つ》まるだろうという予想がすべて当たりました。

二宮　それはすごい！

小宮山　八回で九十球も投げてないんじゃないかな。当時、日本球界で首位打者を取り続けていた

現役時代は「投げる精密機械」と呼ばれ活躍した　写真：YUTAKA/アフロスポーツ

イチロー（現メジャーリーグのシアトル・マリナーズ）も、ほぼ完璧に抑えることができましたから。

イチローの弱点とは

二宮　イチロー選手との対戦は楽しかったでしょう？

小宮山　楽しかったですね。

二宮　小宮山さんは、イチロー選手には強かった印象がありますが、どのようにして彼を封じたんですか。

小宮山　イチローがボール球でも打てると思っているポイントに投げて、スイングさせるように仕向けるんです。

二宮　それはどのコースですか。

小宮山　アウトコースの高めですね。

二宮　インコースじゃなくて？

小宮山　そう。彼がストライクだと思った球が少し外にはずれた場合、ギリギリまでボールを見極めるため、力のないスイングになる。それをファウルで逃げようとして、よく空振りしていました。

二宮　それは、いまも変わらないんでしょうか。

小宮山　基本的には変わらないと思います。ただ、イチローは相当進化していますからね。当時は足を振り上げて、かなりピッチャー側のポイントで打っていましたけど、メジャーリーグに行ってからは、打つ、打たないをジャッジするポイントが、かなり〝自分寄り〟になっていますから。いま対戦すれば手がつけられないと思いますね。

日米のボールの違い

二宮　小宮山さんはメジャーリーグに行ったとき、ボールが合わないって言っていましたね。

小宮山　あのボールはありえなかったです（笑）。

二宮　日本人メジャーリーガーのパイオニアである野茂英雄さんは、日本もメジャーもボールは「ほとんど変わらないですよ」って言っていましたが……。

小宮山　いやいや、ありえない（笑）。あれを同じ種類の物として扱うのはおかしい。

二宮　「日本もメジャーもボールは同じ」というピッチャーはほかにもいますが、皮膚感覚が鈍感ということですか（笑）。

小宮山　あの大きさの違いが認識でき

撮影中も野球理論を語り合う

ないのは、そうとしか思えないですね（笑）。
二宮　握った人じゃないとわからないと思いますが、どんな違いがあるんでしょう？
小宮山　メジャーのほうが大きいんです。僕は親指を（地球にたとえるなら）ボールの赤道部分にあてがう習慣があって、日本のボールなら握った瞬間に「ここがボールの中心だ」というのがだいたいわかります。ところがメジャーのボールは大きいから、握るたびに親指の位置がズレてしまうんです。
二宮　滑《すべ》るともいいますよね。
小宮山　もうツルツル（笑）。最初のころバッティング練習で、右バッターにカーブを投げたら、ボールがバッターの背中のほうに行きましたから（笑）。
二宮　それはトラウマになるでしょうね。
小宮山　長く野球をやってきて、あんな経験は初めてでした。何とかしなければと必死でしたよ。ドラッグストアをハシゴして、どうにか自分の手に合うハンドクリームを見つけたんです。それをしっかり塗って、試合中も保湿効果を保ちながら、なんとか投げていましたね。結局、最後まで馴《な》染《じ》めなかったですけど……。
二宮　その後、再びロッテに戻って初の日本一を経験します（〇五年）。貴重な財産になったんじゃないですか。
小宮山　それはもう。そういう経験をせずに引退するものだと思っていたので、あのときは本当に

メジャーリーグのニューヨーク・メッツ時代（2002 年） 写真：アフロ

夢のようでしたね。

浪人のすすめ

二宮　ところで小宮山さんは、二浪して早稲田大学に行かれて、メジャーから帰国後も一年間浪人するなど、浪人のイメージが強いんですよね（笑）。

小宮山　浪人時代は時間の制約がないので、自分の人生をじっくり見つめて、一つ一つ自分で判断していける貴重な時期です。この時期を経験したことで、僕は何があっても「自分のことはすべて自分で決める」ようになりました。「浪人のすすめ」です（笑）。

二宮　「学問のすすめ」じゃなくてね（笑）。

小宮山　十八歳から、すべて自分で決めることを強《し》いられてきましたから。

二宮　ある意味、人生最初のフリーエージェントですよね。今後はどうされますか。またしばらく浪人しますか（笑）。

小宮山　まあ、野球に携わる仕事はやっていきたいですね。

二宮　最後の質問ですが、もし、もう一度対戦できるとしたら誰と対戦したいですか。

小宮山　やはりイチローですね。彼はピート・ローズ〈メジャーリーグ最多安打記録保持者〈四二五六本〉〉の記録を抜くと思いますし、また抜いてほしいですね。

二宮　そのときはイチローを抑えたピッチャーとして、小宮山さんの名前がまたクローズアップされるでしょう。

小宮山　ありがたいことです。

（『第三文明』2010年1月号掲載）

取材後記　弱点を武器にする逆転の発想

当然のことながら、ピッチャーと名のつく者すべてが試合では「打たせまい」と思って投げている。だが、小宮山さんには野茂英雄や佐々木主浩《かづひろ》のようなフォークボールも、佐々岡真司のようなスライダーも、そして伊良部秀輝のような剛速球もなかった。思い切って腕を振っても、スピードは百三十キロそこそこだった。つまり、「打たせまい」と自信を持って投げられるボールがなかったのである。

そこで彼はどう戦ったか？　厳しいプロの世界で生き残るには、ハンディキャップさえもアドバンテージに転化しなくてはならない。ほとんどのピッチャーは、「打たせない」ことを前提にピッチングを組み立てるが、小宮山さんは「どうすれば、打ってくれるのか」に心血を注いだのである。たとえば、あえてバッターが狙っているコースに投げ、ほんの少し詰《つ》まらせたり泳がせたりする。

そうすることで、わずか一球でアウトに仕留めることができるのだ。ウイニングショットを持たない苦悩は、やがてバッターを翻弄《ほんろう》する快感に変わった。

現役時代の小宮山さんを取材した際、もっとも記憶に残っているセリフがある。

「完投した翌日とかに〝手も足も出なかった〟というバッターのコメントが出るとイヤになりますよ。こっちは〝手も足も出る〟ボールで打ち取っているんだから。〝こんなはずじゃなかった……〟というコメント、これを目にするのが一番楽しい」

『逆転の発想』という言葉がある。「日本の宇宙開発の父」と呼ばれた糸川英夫氏の著書のタイトルだったが、小宮山さんの発想がまさにこれだった。

vs 15. 矢野燿大「勝利を生む信頼のリード」

やの・あきひろ
1968年、大阪府生まれ。府立桜宮高校から東北福祉大学に進学。89、90年と日米大学野球に出場し、90年には大学選手権準優勝を果たす。91年、中日ドラゴンズにドラフト2位で入団。97年オフに阪神タイガースに移籍し、正捕手として定着する。その後、チームの2度のリーグ優勝（2003年、05年）に大きく貢献。ベストナインを3回、ゴールデングラブ賞を2回受賞する。08年の北京五輪日本代表。10年シーズン限りで現役を引退。

キャッチングの奥義《おうぎ》

二宮清純　最初にまず〝キャッチングの奥義〟について、いろいろとお聞きしたいと思います。私は長年、書き手の立場で野球を見てきましたが、キャッチャーの守りに関する評価基準は、本当に難しいですね。

　たとえばバッターなら、打率や打点などの具体的な数字が評価基準になります。ところがキャッチャーの守りは、盗塁阻止率は数字で表せるものの、そのほか数字に表れない部分での貢献がほとんど。言い方を換えれば、うまいか下手かがわかりにくいんです。矢野さんがいままで見てきたなかで、もっともうまいと思うキャッチャーは誰ですか。

矢野燿大　古田（敦也）さんですね。群を抜いてナンバーワンだと思います。古田さんはミットを構えるとき、脇が開いているんですけど、球を捕るときはボクシングのパンチを受けるように、ミットの先が上を向いているんです。普通は脇が開いているとそうはいかない。だから脇をしめろ

キャッチング技術について語る矢野さん

と言われるんですけど。

二宮　古田の場合、脇を開けて、下からめくるように球を捕りますよね。特に低めの球を捕るのがうまくて、際どいコースの球も、キャッチングの技術でストライクにしてしまう。

矢野　低めの球を捕るとき、古田さんのミットの先は前（ピッチャーの方向）を向いていて地面と平行になっているんです。これは低めの球のキャッチングには特に有効で、球が通りすぎる瞬間に上からパッと捕って、ミットをストライクゾーンにスッと引き上げるんです。

二宮　サイド（両端）の球に対しても、古田はストライクに見せるのがうまかったですね。

矢野　そうですね。普通はミットだけを動かしてしまうので、審判にわかってしまうんです。でも古田さんの場合は、ミットよりも先に体がそのコースに寄っていき、球を捕った瞬間に体ごと戻るといったイメージなんです。だからボール気味の球もストライクゾーンを通ったように見えやすい。僕もサイドの球に対しては、ある程度、ボール球をストライクに見せることはできましたけど、古田さんのように低めまではできませんでしたね。

二宮　股関節《こかんせつ》が相当柔らかくないと体ごと移動させるのは難しいですよね。

矢野　股関節、足首、膝《ひざ》の柔軟性はもちろんですが、強さも必要です。古田さんは踵《かかと》をペタンと地面につけたような状態で座っているのに、球を捕るとすぐに動いてスローイングすることができました。これは誰にも真似ができません。

ピッチャー中心のリード

二宮　キャッチャーには二つのタイプがあると言われます。「ピッチャー中心」のタイプと「俺についてこい」というタイプです。矢野さんはピッチャー中心のタイプだと思うのですが……。

矢野　そうですね。ピッチャーが何を求めていて、どうすることがピッチャーのため、チームのためになるのかと、自然にいつも考えていました。

二宮「俺を信用して投げろ」ではなく、「一緒に考えよう」といったスタンスでしょうか。

矢野　そうです。ピッチャーには、サインどおりに投げるのではなく、キャッチャーとの間に理解と信頼があった上で投げてほしいんです。そうすれば〝2対1〟でバッターを攻めることができる。

それに投げるのはピッチャーですから、〝キャッチャーに投げさせられている〟という思いを持たせてはいけないと思うんです。ピッチャーは〝打てるもんなら打ってみろ！〟という気持ちのこもった球を投げなければ、相手を抑えられません。だから逆に、僕の出すサインに納得がいかなかったらどんどん首を振ってこい、と言っていましたね。

二宮　ピッチャーが自分で考えて責任を持たなければいけないと？

矢野　そのとおりです。というのも、ブルペンの練習では同じボールを投げて、一辺倒になりがちです。でも実戦ではそうはいかない。たとえばスライダーでもアウトコースいっぱいのストライクだけがいい球なのかというと、そうではありません。ランナーやカウントによって、わざと外したり、真ん中に投げることも必要になる。だからこそ練習のときから「この球でどうしたいのかを考えろ」と、特に若手にはよく言ってきました。

二宮　古田も矢野さんも、プロ入り前にはいろいろと苦労されていますからね。ピッチャー中心タイプのキャッチャーにはそういった共通点があるのかもしれません。

矢野　そうかもしれませんね。自分がこの世界で生きていくためには何が必要かということを考えてきましたから。僕は特に肩が強いわけでも、バッティングがいいわけでもなかった。だから、できるだけピッチャーの気持ちをわかろうとしてきたんです。

二宮　その一方で、矢野さんというと、勝負強いバッターというイメージもあります。

矢野　ありがたいことに、そう言っていただ

阪神時代は2度のリーグ優勝に貢献した　写真：時事

くこともよくありました。ちなみに、これは古田さんも言っていたのですが、僕は八番が一番好きな打順なんです。

二宮　普通はもっと上の打順のほうがうれしいと思うのですが、なぜ八番が好きなんですか。

矢野　セ・リーグではほとんどの場合、九番はピッチャーですよね。だから相手ピッチャーは〝八番は最悪、歩かせてもいいや〟という気持ちで投げてくるんです。そういう状況を考えたら、どういう配球で来るのかが読みとりやすいんです。それに、次のピッチャーは打つ確率が低いと思えば、たとえ自分が三振したとしても開き直ることができる（笑）。

逆に六番はしんどかった。クリーンアップでまともに勝負せずに、六番で勝負、なんてこともありますから。

トレードの悔しさをバネに

二宮　矢野さんは大阪府立桜宮高校から東北福祉大学に進学。そしてドラフトで、中日ドラゴンズから二位指名を受けました。当時の監督は星野（仙一）さんですよね。どんな印象でした？

矢野　怖いというイメージしかなかったのですが、実際、本当に怖かった（笑）。

二宮　アハハハ、やっぱり。一年目でもっとも印象に残っている星野さんとの思い出は？

矢野　一年目の八月、当時、阪神にいた野田（浩司）さんから打ったプロ初ヒットがホームランだったんです。その日、帰りのバスに乗る直前、監督から「お前、初ヒットやったな」と声をかけられ、握手をしてもらいました。ベンチで一番〝ペーペー〟の僕にとって、監督が初ヒットだと知っていてくれたことには感激しました。

二宮 そういう気配りは星野さんらしいですね。

矢野 組織の「和」をつくることへの気遣いが素晴らしかったです。その年に星野さんは監督を辞められましたが、最後の試合では、皆泣きながらプレーしていました。

二宮 星野さんは九六年に再び中日の監督に復帰しました。そして翌年、矢野さんは入団以来最多の八十三試合に出場。いよいよレギュラーへの足がかりをつかみ、さあこれからというときに、阪神にトレードで出されてしまいました。

矢野 すごくショックで、相当落ち込みましたね。でも、この悔しさをバネにしようと思って、気持ちを切り替えました。〝中日を見返したい！　星野さんを見返したい！〟というのが、その後のモチベーションになりましたね。

アンテナを立て情報をつかむ

二宮 阪神に移籍したときの監督は吉田義男さん。星野さんとはずいぶん、タイプが違う指揮官だったのでは？

矢野 そうですね。吉田さんは、連敗中なのにミーティングで、「今日は鼻歌を歌っていきましょう」なんて言う人でしたから（笑）。

二宮　連敗中に鼻歌!?　達観していますね。

矢野　連敗のプレッシャーに負けないために、選手の気を楽にしてやろうという吉田さんなりの配慮だったんでしょうけどね。

二宮　吉田さんの後は、野村（克也）さんでしたね。同じキャッチャー出身の野村さんの影響は大きかったでしょう。

矢野　一番野球を教えてくれた監督ですね。もちろん、つらいこともたくさんありましたが……。

二宮　めったに褒《ほ》めない人ですからね。翌日の新聞で、野村さんの〝ぼやき〟を読むのが嫌だと言う選手も多かった。〝悪口〟を書かれていないかなと。

矢野　確かに新聞記者にぼやくのなら、直接自分に言ってほしいというのはありましたね。星野さんは直接言うタイプでしたから。

二宮　野村さんには「三流には無視、二流には称賛、一流には非難」という独自のランク付けがあるんです。だから監督から非難されたのは、矢野さんが一流だと認められた証拠です。それはともかく、野村さんの野球理論はすごかったでしょう。

矢野　本当にすごかったですね。特に言われたのは〝アンテナ〟を立てろ、ということ。いまピッチャーはどんな気持ちか、ランナーはどうしようとしているのか、ベンチはどうしたがっているのかなど、たくさんアンテナを立てて、情報をつかんでいけと。不思議なことに、野村さんが「ランナー、走るぞ」と言うと、次の瞬間、本当に走るんです。

2010年限りで惜しまれつつ現役を引退　写真：時事

二宮　確かに野村さんは「観察力」「洞察力」に長《た》けていますよね。だからこそ選手にもそのことを一番に求めるんでしょうね。

矢野　僕自身、言われたとおりにやっていたら、〝あれ？　ランナーの動きがおかしいな〟とか〝ピッチャーがちょっと嫌がっているな〟と、だんだん察知できるようになっていったんです。僕自身がキャッチャーとして成長できたのも、野村さんのおかげだと思っています。

二宮　残念ながら、野村さんが阪神の監督のときは三年連続最下位でした。しかし、矢野さんはしっかりレギュラーに定着しましたね。そして、今度は星野さんが監督になった。中日時代にトレードされた悔しさを糧《かて》にプレーしていたわけですから、気持ちは複雑だったのでは？

矢野　そうですね。ずっと中日と星野さんに勝ちたいという気持ちでやっていましたから。それがまた、一緒にやることになって、正直どうしたらいいのかな、と。でも、星野さんのほうから話しかけてくれたんです。「あの選手はどうなんや？」「このピッチャーはどうやねん？」といった感じで、チームのことを僕に聞いてくれた。おかげで、すぐに気持ちを切り替えることができました。星野さんもすごく気を遣ってくれたんでしょうね。

「日の丸」の重み

二宮　しかし、まあ振り返ってみれば、矢野さんがプロで出会った監督は、個性的な人ばかりですね。中日時代の星野さん、高木守道さん、そして阪神に移って吉田さん、野村さん、そして再び星野さんと……（笑）。
矢野　そうですね。その後には岡田（彰布）さんもいますから（笑）。
二宮　こういう個性的な指揮官の下でやってきたからこそ、矢野さんのなかに、いろいろと引き出しが増えたんじゃないですか。
矢野　そう思います。本当にありがたいなと。
二宮　ところで、矢野さんは北京五輪にも出場されています。このときの監督も星野さんでした。やはり「日の丸」は重かったですか。
矢野　めちゃくちゃ重たかったですね。あのときは本当に〝野球が怖い〟と思いました。プロの僕らが出場したわけですから、絶対に結果を残さなければいけなかった。だから、自分のミスで負けたらどうしようと思うと、試合の前日は眠れませんでしたね。そして実際に、僕のリードで金メダルを逃してしまいました。
二宮　準決勝の韓国戦で、イ・スンヨプ（李承燁）に勝ち越しホームランを浴びました。あの場面のことでしょうか。
矢野　ええ。ミスというか、あのときのミットの構え方に悔いが残っているんです。ピッチャーは岩瀬（仁紀、中日ドラゴンズ）でした。スライダーと真っすぐで徹底して外を攻めたんです。すると、イ・スンヨプが外角の球に踏み込むようなステップをしだしたので、〝危ない〟と思い、最後はインコースの球を要求しました。インコースは一歩間違うと長打になりますが、高めなら詰《つ》まらせることができます。だからシュートで一番厳しい胸元の高さを狙ってもらって、と考えていた。ところが僕は高めではなく、普通にインサイドにミットを構えただけだった。そして岩瀬が投げた球がインコースの真ん中に来てしまい、次の瞬間ホームランを打たれてしまった。岩瀬だったらきっと、高めの厳しいところに投げられたはず。せめてベルト付近くらいの高さだったら、あのホームランはなかったでしょう。僕がもっと高めにミットを構えていればと、いまでも後悔しています。

二宮　矢野さんは二〇一〇年シーズン限りで現役引退を決意されたわけですが、今後は指導者としてユニフォームを着たいとお考えですか。

矢野　お話をいただければ、もちろんです。ただ、その前に自分としては、もっとほかの世界を見て勉強したいと思っています。キューバやドミニカなど、ある意味〝野球の原点〟が生きているようなところにも行ってみたいですね。日本では非常識だと思われているような練習をしていると聞くので、自分の目で確かめてみたいなと思っています。

（『第三文明』２０１１年2月号掲載）

取材後記

成長する人間には、消化力がある

人が大きく成長するためには、消化力が欠かせない。胃腸の話ではない。周囲のさまざまな人や事象から学び、必要なものを取り入れ、自分の血肉にする力だ。

失敗する選手、あるいは成功しても短命で終わる選手の中には、「オレは今までこうやってきた」と自らのやり方に固執する者が多い。自分のスタイルをつくりあげることは必要だが、あまりにも早い時期から、外から取り入れる柔軟性を失うと、好き嫌いが多い〝偏食タイプ〟になる。これは伸び悩みの原因になる。

かと言って消化力が低いのに、なんでもかんでもたくさん食べすぎるのも問題だ。詰《つ》め込みすぎて腹痛や下痢を起こし、身にならないからである。自分に必要なものは何かを吟味《ぎんみ》し咀嚼《そしゃく》する力が成長には欠かせない。

このバランスは非常に難しいのだが、〝偏食〟よりも〝食べすぎ〟のほうがまだ伸びる可能性がある。どんどん貪欲《どんよく》に吸収しようとしている人間のほうが、最初は消化不良を起こしても次第に適応して消化力が高まっていくからだ。

矢野さんは、まさにプロの世界で消化力を高めていったタイプである。星野仙一、野村克也など非常に個性の強い監督のもとで経験を積んできたことで、人間としてもキャッチャーとしても幅を広げてきたはずだ。いわば〝消化酵素〟をたくさん生成する力を身につけてきたのだ。

そもそもキャッチャーというポジションは、消化力がないと勤まらない。守りにおける司令塔としてベンチの意図をピッチャーや野手に瞬時に伝えなければならないし、逆にピッチャーの疲労度や変化をベンチに的確に伝えることも必要となる。対談で語っていたように、矢野さんは経験を重ねるなかで、ピッチャーを立てながらも、うまく操る術を身につけていった。

そんな消化力を持った矢野さんは、きっといい指導者になるはずだ。彼がどんなチームづくりを見せてくれるか、楽しみにしたい。

vs16. 小椋久美子

「『オグシオ』から学んだこと」

おぐら・くみこ

1983年、三重県出身。小学生からバドミントンを始め、四天王寺高校卒業と同時に三洋電機に入社。潮田玲子と女子ダブルスペアを結成し、「オグシオ」ペアとして人気を集める。2008年に北京五輪に出場し、女子ダブルスでベスト8に進出。同年、全日本選手権5連覇を達成し、ペアを解消。10年1月に現役を引退し、現在はバドミントンの普及に尽力している。

引退までの戦い

二宮清純 そもそも、いつから「オグシオ」と呼ばれるようになったんでしょうか。

小椋久美子 いつの間にか呼ばれていました（笑）。実はダブルスペアでは、「オグシオ」「スエマエ（末綱聡子《すえつなさとこ》、前田美順《みゆき》のペア）」といった感じで、双方の名字の一部を合わせた名称で呼ぶことが結構あるんです。

二宮 なるほど。それにしても「オグシオ」は、実力は当然のことながら、人気もすごかったですね。ロンドン五輪に向けても活躍されるものだと思っていました。

小椋 北京五輪の後、ひどい胃炎を患《わずら》い、体調を崩してしまったんです。なんとか回復させて競技に復帰しようと頑張ったんですが、なかなか思うようにいきませんでした。

二宮 体調を崩した原因は？

小椋 さまざまなプレッシャーが、心身に大きな負担を与えたんだと思います。

潮田玲子さんとのコンビは「オグシオ」ペアとして人気を集めた

二宮　ファンからも復帰してほしいという声がたくさん寄せられたでしょう。
小椋　ありがたいことに、たくさんのファンの方々から、励ましの言葉を寄せていただきました。ファンの皆さんの思いに応えたいとの思いはありましたが、よくなりかけたら再び悪化するといった繰り返しでした。
二宮　大変でしたね。
小椋　悩みに悩んだ結果、これからの長い人生、健康な体でバドミントンに携わり続けるためにも、いまは体調を万全にすることに集中しようと思い、引退を決意したんです。

悔しかった北京五輪

二宮　その北京五輪についてうかがいます。「オグシオ」ペアは、ベスト8まで行き、最後は優勝した中国ペアに敗れました。完全燃焼したという実感はありましたか。
小椋　四年間努力して、やっと出場できた大会だったので、悔いが残っているとは言いたくないんです。ただ、自分たちのプレーができずに終わってしまったので、その点では悔しい思いがありますね。
二宮　自分たちのプレーができなかったのはなぜでしょうか。
小椋　相手に実力があったことはもちろんですが、私たちも緊張感から、いつもどおりの力が発揮できなかったと思っています。
二宮　中国ペアに敗れたあと、潮田《しおた》さんは「いつもこういう形で負けてしまう。これが実力の差だ」といった趣旨の話をされていましたね。

小椋　中国ペアとは国際大会で何度か対戦したんですが、思うように点がとれずに負けていました。ですので、北京五輪で対戦が決まったときも、自分たちのなかで勝ちのイメージを思い描けていませんでした。

二宮　北京五輪では「スエマエ」ペアが世界ランク一位の中国ペアを破り、ベスト4まで行きましたね。日本の多くのファンは、「オグシオ」ペアのほうが上位に行くと予想していたのではないでしょうか。

小椋　国際大会のランキングでは私たちのほうが上でしたが、末綱さん、前田さんは実力があるので、実際に対戦したら、どちらが勝つかわからない状態だったんです。だから私としては、「スエマエ」ペアがベスト4に進んだのは、決して意外ではありませんでしたね。

二宮　いまはもう現役復帰するお考えはありませんか。

小椋　ないですね。実は、復帰に向けて取り組んでいたとき、自分がコートに立っている姿や、応援してくれる人たちの様子、また試合に勝ったときの声援を想像しては、自分を元気づけていました。ところが症状が一進一退を繰り返しているうちに、〝現役選手としてはやりきった、満足した〟と思えるようになったんです。

二宮　引退の決断には後悔がないと？

小椋　そうですね。ただ一つ心残りがあるとすれば、「ロンドン五輪を目指す」と宣言したときに応援してくれた人々に、頑張っている姿を見せられなくなったことです。

潮田選手との出会い

二宮　バドミントンの魅力はどこにあると感じていますか。
小椋　スピードと相手との駆け引きですね。
二宮　スマッシュの初速はどれくらいでしょう？
小椋　昔は男子で時速三百六十キロといわれていましたが、いまは速い人だと四百キロぐらい出ているんじゃないでしょうか。
二宮　四百キロ⁉　仮に終速で三百キロほどだとしても、新幹線と同じぐらいのスピードでシャトル（羽根のついた球）が飛んでくる。想像以上に迫力があるんですね。
　ところで、小椋さんの家族では、ほかにバドミントンをしていた人は？

北京五輪前、練習に励む　写真：北村大樹／アフロスポーツ

小椋　私には姉と兄、そして弟がいますが、私を含めた四人ともバドミントンをやっていたんです。
二宮　つまりバドミントン一家だったと。ちなみにお姉さんもうまかったんですか。
小椋　私自身は覚えていないんですが、中学のときの先生がおっしゃるには、私よりも姉のほうが技術的には上だったようです。
二宮　そうでしたか。では潮田さんと最初に出会ったのは？
小椋　小学六年生のときです。バドミントンの全国小学生大会に出場したときに対戦しました。
二宮　そのときの潮田選手の印象はどうでしたか。
小椋　ストロークがとてもうまく、大人びていました。小学生離れしたプレーの連続で、本当にすごい選手だと思いましたね。
二宮　そんな潮田さんとペアを組むきっかけは何だったんでしょう。
小椋　高校一年生のときに、ジュニアの強化合宿があって、そこで初めてダブルスを組んだんです。
二宮　その後もペアを組むことは予想していましたか。
小椋　いえ、潮田は私よりもずっと実力が上だと思っていたので、〝私なんかがパートナーでいいの〟って思っていましたね。
二宮　その当時から小椋さんは、将来、五輪に出場したいと思っていた？
小椋　小さいときから五輪への夢は持っていましたが、現実には無理だろうなあと思っていました。本気になって実現したいと思うようになったのは社会人になってからです。

二宮　お二人は三洋電機に入社しますが、同じチームでやろうと潮田さんを〝口説いた〟のは、小椋さんだそうですね。
小椋　私は高校卒業後に、三洋電機でお世話になることを決めていたので、「もし、ペアを組んでくれるのなら三洋電機に来てほしい」と話したんです。潮田は快く応じてくれました。
二宮　その後「オグシオ」ブームが起こり、競技以外でも注目を集めることが多くなっていきましたが、その状況を、正直、どう感じていましたか。
小椋　初めのころは戸惑っていましたね（笑）。選手として活動しながら、テレビの仕事や雑誌の取材を受けることは大変でした。うまく両立できるタイプではないので……。ただ、戸惑いを感じつつも、いままでにないうれしいことや楽しいことを、たくさん経験させてもらえました。大勢の方に応援していただきよかったと思っていますし、感謝もしています。

北京五輪でデンマークペアを破り、観客席に手を振る小椋さん（右）と潮田さん　写真：AP／アフロ

思いやりペア

二宮　小椋さんと潮田さんでは、考え方や性格にどういった違いがあったんでしょう？

小椋　潮田はプラス思考で、私はどちらかというとマイナス思考ですかね（笑）。私が自信をなくして潮田に相談すると、いろいろとアドバイスをしてくれました。彼女はしっかり者なんです。

二宮　お二人がペアを組んでいたのは、三洋電機に入社してから数えて約七年。七年は長かった、短かった？

小椋　特に北京五輪を目指していた四年間は、あまりにも濃密な日々だったので、そのときは長く感じていましたが、いま振り返ってみると、本当に短かったなあと思います。

二宮　ペアだとずっと一緒に行動するわけですよね。喧嘩になったりはしませんでした？

小椋　家族以上に一緒の時間をすごしていましたが、喧嘩をしたことは一度もなかったですね。ただ、ずっと一緒なんで、お互い喧嘩をしないで済むように、無意識のうちにうまくやっていたのかもしれませんが（笑）。

二宮　なるほど。たとえば試合に負けたときに、相手のプレーを批判し合うようなこともなかったと？

小椋　お互いに、相手の調子が悪いときに腹を立てたり、文句をいうことはありませんでした。むしろ、相手がミスをした場合には、その前に自分の打った球が悪かったんじゃないかと考えていましたね。

全日本総合バドミントン選手権大会でダブルス５連覇を果たした　写真：アフロスポーツ

二宮　つまり、〝思いやりペア〟だったことが成功につながったわけですね。アイコンタクトで、お互いに考えていることもわかったわけですね。

小椋　わかりましたね。たとえば、ここでスピードを上げたいんだろうな、いま勝負をかけたいんだろうなといった心の動きも、感じることができました。

二宮　まさに〝あうんの呼吸〟ですね。それだけに、正直、「オグシオ」ペアの解散は、ちょっと唐突な感じがありました。どこかで二人の間にすれ違いが生まれていたのでは、と思ったこともあったんですが……。

小椋　すれ違いはありませんでしたが、方向性に違いが生まれていたことは事実です。当時、私はロンドン五輪を目指したいと考えていましたが、潮田はまだ、今後の競技者としての明確なビジョンが見えてこないと言っていました。そして、何度も話し合いを重ねた結果、これからはお互い、別の道で頑張ろうと納得し合って、ペアを解消したんです。

二宮　お互いが合意の上で〝次のステージ〟に進んでいったわけですね。

長所は忍耐強さと集中力

二宮　ロンドン五輪も近づいてきました。日本がバドミントンでメダルを取るためには、何が必要でしょうか。

小椋　日本選手の長所は忍耐強さと集中力だと思いますので、それを生かすことだと思います。また海外の選手、特に中国の選手はスピードとパワーがあるので、互角に戦うためにも、日本選手はいっそうスピードとパワーを身につける必要があります。

二宮　そのためにも、やはり早い時期から筋トレなどをしっかりして、体づくりをしておいたほうがいいんでしょうね。

小椋　そう思います。私も強敵の中国選手と戦うために、体づくりに重点を置いて練習に取り組んでいました。

二宮　今後はどのような活動をされる予定ですか。

小椋　私は小さい子どもが大好きなので、バドミントンを通じて、子どもたちにバドミントンの楽しさや、スポーツの素晴らしさを伝えていきたいと思っています。そして、バドミントンをより普及させていければと考えています。

二宮　陣内貴美子さんが言っていましたが、「日本では多くの子どもが、遊びで〝バトミントン〟をやっていても、〝バドミントン〟にはなっていない」と（笑）。

小椋　うまい表現ですね（笑）。

二宮　〝バトミントン〟の競技人口がもっと増えて、そこから〝バドミントン〟に移っていければ、いま以上に競技が盛り上がって強くなるんじゃないでしょうか。

小椋　本当にそう思いますね。よく実際に試合を観戦した方から「バドミントンって思ったより迫力があるね」と言われます。だから、できるだけ多くの人に、一度、試合を見に来てもらいたい。そうすればもっとバドミントンの楽しさを伝えられると思っています。

（『第三文明』2010年9月号掲載）

取材後記

「燃え尽きた」と言えるまで必死に戦う

正直言って私は、小椋さんに会う前までは、引退は少し早すぎるのではないか、現役生活に未練があるのではないかと心配していた。しかし、実際に対談をしてみて、それは杞憂《きゆう》に終わった。彼女の言葉からは、本当に完全燃焼したとの思いが伝わってきたからだ。

アスリートの中には、「燃え尽き感」がないとカムバックする選手がいる。しかし、一度引退した選手が現役に戻ってもほとんどの場合はうまくいかない。スポーツ選手にとってブランクは大変なマイナスだ。現役選手の中にはしばらく競技から離れる選手もいるが、この〝休養〟とは意味合いが違う。〝休養〟は次のステージを目指すためのエネルギー貯蓄になるからだ。たとえば、五輪で連覇を果たした柔道の野村忠宏選手、水泳の北島康介選手などは、非常にうまく休養をとっていた。それが心身でのリフレッシュとなって、四年後に再びピークを合わせることにつながったのである。

しかし引退の場合、一回「辞める」と決めた時点で気持ちは、途切れてしまう。そして、その一度途切れた気持ちの糸はなかなか元には戻らないのだ。だから、競技に復帰しても、心身両面を元に戻すのは難しい。その意味で、辞め時というのは本当に難しい。これはスポーツに限らず、どんな世界でも同じだ。結局、引き際は自分で決めるしかない。

小椋選手が後悔せずに辞めることができたのは、やはり最後は「燃え尽き感」があったからだろう。それは目の前の勝負に全力で打ち込んできた証《あかし》でもある。「オグシオ」ペアとして日本中が熱狂する中、自らを見失わず、頑張り続けてきたからこそ、「現役選手としては満足した」との境地に達したのだと思う。引き際の決断は、その人の価値観や人生観と大きく関わってくる。それらが如実に現れてしまうゆえに、辞め時を誤ると人生に取り返しのつかない悔いを残してしまう。それを避けるための唯一の方法は、日々、「燃え尽きた」と言えるまで必死に戦い続けることなのだろう。

vs17. 川添奨太「世界初の偉業の背景」

かわぞえ・しょうた

1989年、福岡県生まれ。2010年にプロテスト合格。プロボウラーとしてルーキーイヤーから活躍し、ABS（アメリカンボウリングサービス）ジャパンオープンと全日本選手権で優勝。ポイント、賞金、平均スコアのランキングで首位となり、ルーキーでは史上初の三冠王に輝く。特にABSジャパンオープンでは、優勝決定戦、再優勝決定戦でのパーフェクトゲーム達成という、世界初の偉業を成し遂げた。

三十二回連続ストライク！

二宮清純　川添選手は二〇一〇年十一月のＡＢＳジャパンオープンの優勝決定戦と再優勝決定戦で、二ゲーム連続のパーフェクトを達成しました。

川添奨太　ありがとうございます。

二宮　二ゲームなので、計二十四回連続でストライクをとったわけですよね。

川添　実は、その前のゲームでも八回連続でストライクを出していたので、実際は三十二回連続ストライクだったんです。

二宮　三十二回！　それはすごい！　驚くことに、川添選手は生まれて初めてのボウリングで、一六四のスコアを出したそうですね。何歳のときですか。

川添　九歳でした。

二宮　九歳で一六四⁉　やはり、それは生まれ持った素質があったんですね。

川添　いや、それが、まぐれだったんです（笑）。以降、何回やっても百点すら出せなくなってし

今、もっとも注目されるプロボウラー。世界での活躍も期待されている

まって……。それが悔しくてボウリングにのめり込んでいきましたね。

二宮　プロになることを意識したのは？

川添　小学四年生のころです。当時『ザ・スターボウリング』というテレビ番組を見ていて、〝自分も、ああいうストライクをとりたいな〟と憧れていました。それに僕の通っていたボウリング場にプロボウラーの方がいて、その存在も大きかったですね。

二宮　周りの友達が、プロ野球選手やJリーガーになりたいと言っていたときに、「僕はプロボウラーになる」と夢見ていたわけですね。

川添　そうですね。ボウリングは野球やサッカーに比べて競技としてマイナーなので、大会で成績を残し、学校集会などで表彰されても、周りの人は〝えっ、ボウリング？〟といった反応でしたね（笑）。

ボウリング界の現状

二宮　現在、日本でプロボウラーはどのくらいいるんですか。

川添　男子が千人ちょっとで、女子が三百～四百人です。

二宮　賞金だけで生活できる人はほんの一握りだそうですね。

川添　そうですね。僕は、たまたまうまくいったんですけど、普通はボウリング教室を開いたり、お客さんの手や投球フォームに合わせたマイボールをつくってあげたりしながら収入を得ています。会社に所属して遠征費などを負担してもらっている選手もいますね。

プロ選手は年々増えているのですが、ボウリング場は減っています。ボウリングが全盛期だった約四十年前は、全国で三千以上あったボウリング場も、いまや約八百になってしまいました。

二宮　ボウリング場は減っているのに、プロボウラーは増えているということは、競技自体の人気は根強いものがある。ただ、ほかのメジャー競技と比べると決して恵まれた環境とはいえない。聞くところによれば、ベスト10に入る選手でも獲得賞金は二百万円程度だとか。ちなみに一〇年の川添選手の賞金総額は？

川添　約二千百七十万円です。日本の男子プロボウリングでは、大きな大会が年間で八つしかないんです。優勝賞金が一番高額なものでもラウンドワンカップの五百万円。小さいものだと百五十万円ぐらいです。ちなみに、二番目に優勝賞金が高いのはＡＢＳジャパンオープンで、その次は全日本選手権。僕はラウンドワンカップで三位に入り、ＡＢＳジャパンオープンと全日本選手権で優勝したのが大きかったですね。

二宮　主要八大会のうち二大会で優勝。「お前、（賞金）とりすぎだ」って言われませんでしたか（笑）。

川添　言われました（笑）。僕がそれだけ稼ぐと、ほかの選手のとり分は少なくなる。プロボウリングはみんなが頑張ればお金持ちになれるわけではない厳しい世界です。

一日に五百投

二宮　川添選手は投げ方が独特です。低い姿勢から地をはうようなフォームでバッと投げる。この投げ方は自分で編み出したんですか。

川添　はい。小さいころから投げ方を直すように言われていたんですが、もともと頑固な性格でしたし、スコアは出ていたので直す気はなかったですね（笑）。投げ方が独特であっても、それをうまく生かせれば、何か新しいものが生み出せるのではないかと思い、これまでやってきました。

二宮　低い姿勢を保てる分、投球に安定感が出ますよね。

川添　強い球が投げられますし、投球の精度も高まります。

二宮　普段、練習ではどのくらい投げ込みますか。

川添　多いときには一日で三十ゲーム、時間にして約六～七時間ですね。

二宮　そんなにも！　野球のピッチャーのなかには、投げすぎで肩やひじを故障する選手もいます。ボウリングではそういうリスクはないんですか。

川添　肩やひじよりも手首に負担がかかります。腱鞘《けんしょう》炎になる人は多いですね。投げた後のアイシングやお風呂でのマッサージは必須です。

それと手根管《しゅこんかん》といって、四本の指の腱《けん》が通る〝手首のトンネル〟のような箇所があるんですが、朝起きたときに、ここがしびれて手に力が入らないときがあります。だから夜寝るときは、手首が折り曲がらないように、テレビのリモコンなど板状の物を手首に当てて、包帯でグルグル巻きにして寝ています。

二宮　（川添選手の手を見せてもらい）右腕がものすごく太いですね！　左腕とは全然違います。

川添　（ボールに入れる）親指は形が変わってきますし、中指もすぐに腫《は》れてしまいます。

二宮　川添選手がプロボウラーだと知らない人は、この腕と指を見て「どんな仕事をしているんですか」って不思議がるんじゃないですか。

川添　はい（笑）。七キロのボールを、多いときは一日五百球は投げますので、骨自体が変形してしまっていますね。

二宮　低い姿勢を保つには下半身の強化も重要でしょう？

川添　毎日ではありませんが、一日三～四キロぐらいは走っています。ボウリングは腕の力を抜いてスイングすることが基本なので、上半身に無駄な筋肉がつくとバランスが悪くなるんです。力強い球を投げるために、下半身はしっかりと鍛えています。

球が曲がりだす位置に注意

二宮　せっかくですので、ストライクをとる極意をお聞きしたい。まず投げるときは、スパット（投球の目標となるレーンにつけられたくさび形の印）が目印になるんですか。

川添　そうですね。ただ僕の場合は、スパットを狙うだけでなく、ボールが曲がりだす位置を計算して投げています。どこからボールが曲がりだせばストライクがとれるか。その曲がりだす位置までボールを持っていくためには、どのラインを通せばいいのか、と。

二宮　曲がりだす位置は、だいたいどのあたりですか。

川添　投げる場所から一番手前の1番ピンまでの距離は六十フィート（約十八メートル）あります。そして、投げる場所から三十五～四十五フィートあたりまでは、オイルが塗られていて滑るので、ボールは曲がらない。曲がり始めるのは、その先のオイルが塗られていない部分からです。

二宮　なるほど。ボウリング場によってオイルの濃度も異なるわけですから、その感覚をつかむのは難しいでしょうね。ボールを曲げて、どのピンに当てるのが一番理想なのでしょうか。

川添　右利きだとボールを左に曲げるので1番ピンと3番ピンの間、左利きだと1番ピンと2番ピンの間に入れるのが基本です。

1日500球の投げ込みを行うなど、ハードな練習をこなす

パーフェクトストライク理論

二宮　もっとも倒しにくい厄介《やっかい》なピンはどれですか（笑）。

川添　右利きでしたら、やはり10番ピン。左利きは反対に7番ピンですね。結局プロの世界では、（右利きの場合）この10番ピンを倒せるかどうかで勝負が決まります。

二宮　10番ピンをきれいに倒すには、何が重要になりますか。

川添　6番ピンの倒し方ですね。これで10番ピンを倒せればストライクの確率は高まります。整理すると、ボールが1番ピンと3番ピンの間に入り、1番ピンが2番ピン、4番ピン、7番ピンを倒します。3番ピンが6番ピンと9番ピンを倒します。そして5番ピンが8番ピンを倒します。このとき3番ピンの倒れる位置が悪いと、6番ピンの倒れる角度が変わり、10番ピンを倒せなくなるんです。

二宮　そこまで計算して投げているんですね。

川添　ボウリングには絶対にストライクがとれるという「パーフェクトストライク理論」があります。それを実践するためには、投げる場所から四十五～五十フィートのところでボールを曲げて、最適な角度で1番ピンと3番ピンを倒す必要があるんです。

二宮　二ゲーム連続のパーフェクトを達成したときは、まさに、この「パーフェクトストライク理

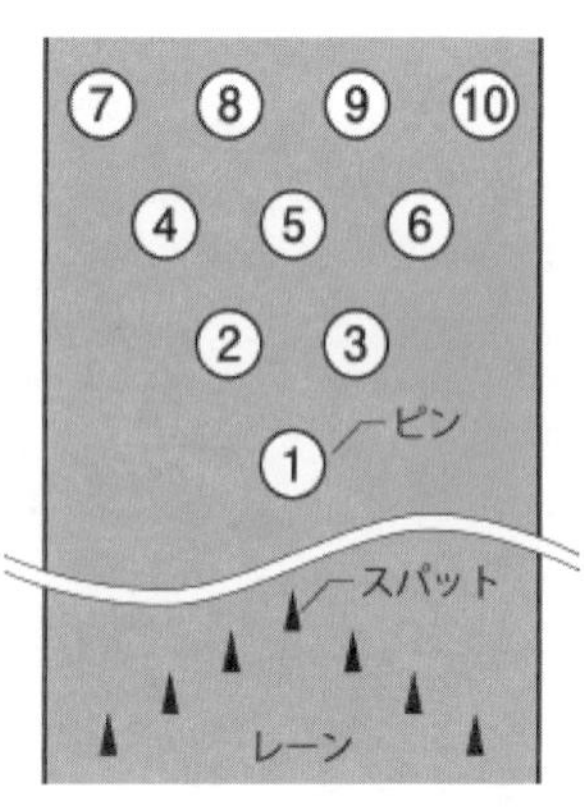

論」を実践し続けることができたと？
川添　頭では理解していても、同じように投げるのは難しいんです。あのときはすべてがうまくいきました。

回転とスピードのバランスが重要

二宮　ストライクをとりやすくするためには、ボールに回転をかけたほうが有利ですよね。
川添　はい。回転が多いほどボールは曲がりやすくなり、ピンを弾きやすくなります。ただし、回転数が増えればボールのコントロールが難しくなりますので、コントロールをつけるためには、ボールのスピードも不可欠です。回転とスピード、そのバランスが重要ですね。
二宮　昔、ある劇画でスプリット（ピンが離れ離れに残ること。最難度は7番ピンと10番ピンが残る状態）を同時に倒す場面が出てきましたが、実際には可能でしょうか。
川添　普通では無理ですね（笑）。
二宮　それでも、あえてとろうとするなら、ボールを7番ピンの外側に当てて内側に飛ばし、10番ピンを倒す方法でしょうか。
川添　それが物理的には不可能なんですよね。同時に倒すためには、まず一方のピンを倒します。そして飛んでいったピンが、奥の壁に当たって跳ね返ってきて、もう一本のピンを倒す。これしかありません（笑）。ただ、それは本当にまれなケースです。

二宮　ここまでの話でもわかるように、ボウリングはレーンのコンディションを踏まえて、ボールの回転やピンに当てる角度を計算しながら投げる必要がある。本当に奥が深いスポーツですね。

川添　だから、やればやるほど面白くなるんです。ボウリングはある程度練習すれば、男性だと一九〇、女性だと一七〇〜一八〇のスコアまでは、案外すぐに出せるようになる。ただ、そこから先が難しい。

二宮　ボウリングには老若男女問わず、誰でも手軽に楽しめる良さがある。人気復活のカギは何でしょう？

川添　雑誌やテレビに取り上げられる回数が増えて、興味を持ってくれる人が増えてくれればいいなと思っています。五輪競技にでもなれば、人気も高まるのですが……。

二宮　五輪の正式競技になる可能性は？

川添　難しそうです。理由の一つは、アフリカ大陸でボウリングが普及していないからです。五輪競技にするために、以前アメリカがアフリカにボウリング場を造ったことがあったんですが、湿度と温度が高すぎて、レーンの板がゆがんでしまい、失敗しました。ひとまず、いまは地道に頑張って、ボウリング人口を増やしていきたいと思っています。

夢はアメリカでの優勝

二宮　川添選手は早くも日本の頂点に立ちました。この先の夢は？

川添　アメリカのツアーで優勝することです。

二宮　やはり本場で勝って実力を証明したいと？

川添　賞金一つとっても、大きい大会だと優勝すれば二千五百万円もらえるものもあります。トーナメントの数も年間約二十本ありますからね。今後は、具体的にアメリカ進出も視野に入れたいと考えています。

二宮　アメリカのボウリング場のレーンコンディションは、日本とはかなり違うそうですね。

川添　オイルのひき方が全然違います。日本は、ボウリング人口を増やしたいということで、比較的楽にスコアが出せるコンディションにしていますが、向こうは厳しい。

二宮　楽なコンディションというのは、つまりガーターになりにくいオイルのひき方になっているということですね。

川添　そうです。日本ではガーター寄りの部分には、オイルがほとんどひかれていないので、多少、ボールが外に出すぎても、回転していれば曲がって中央に戻ってきやすいんです。
　ところがアメリカでは、全面にオイルがひいてあるので、真ん中からそれやすい。日本ではある程度のコントロールがあれば、だいたいストライクをとれますが、アメリカではより正確なコントロールが求められます。

二宮　これまでアメリカの大会で優勝した日本人は？

川添　まだ、いません。

二宮　日本人として前人未到の領域に挑戦するわけですが、アメリカで勝つための課題は？

川添　いっぱいあります。まずはアメリカ人のように強い球を投げたいですね。そして、アメリカのレーンに対応するための力と経験を身につけていきたいです。

二宮　野球の斎藤佑樹投手（北海道日本ハムファイターズ）や、サッカーの香川真司選手（マンチェスターユナイテッド）は同学年です。ぜひ彼らとともに若い力で、日本のスポーツ界をリードしてください。期待しています。

川添　ありがとうございます。彼らを目標にして結果を残し、「ボウリングっていいな」と夢を与えられる選手になりたいと思っています。

（『第三文明』２０１１年8月号掲載）

取材後記

匠《たくみ》の世界に達するためのすさまじい努力

街を歩いていても、おそらく誰も彼を一流のアスリートだとは気がつかないだろう。対談をしていた時の川添選手は、さほど目立たない印象の好青年だった。しかし、その後、レーンで実際にボールを投げてもらうと、場の空気は一変した。取材をしたのは、どこにでもある普通のボウリング場だったが、彼がボールを投げると、まさに、そこは〝川添劇場〟とでも呼べる舞台に変わった。人を引き寄せる磁場が瞬時に生まれたとでも表現すればよいのだろうか。一つの世界を極めた者だけが醸《かも》し出す独特の雰囲気を感じた。

スポーツの世界は、シンプルであればあるほど奥が深くなる。勝敗を決めるのはミクロの体感。言葉では表現できない独特な感覚を選手は無意識のうちに追求しているのだ。そのためには、当然のことながら陰の努力が欠かせない。異様に発達した彼の利き腕を見れば、匠《たくみ》の境地に達するための苦行の日々に思いをはせることができる。

ボウリングにおいて、戦う相手は物言わぬピンという〝物体〟である。ゴルフにも同じような要素があるが、風や芝の状態などに敗因を押しつけることができる。だが、ボウリングではそれすらできない。自分とピンとの戦いを、ただ、ひたすらボールに思いを伝えることによって続ける。ピンが倒れなければ、自らの技術の未熟さを反省するしかない。

要するに最終的にはいかにボールを自在に操れるかどうか——勝負はそこで決まるのだ。川添選手のレベルになれば、自らとボールとの間で高度なコミュニケーションが交わされている。つまり、ボールを投げるという行為は、自らの魂を投げることと同義なのだ。こういう世界を極めていくと、おそらく哲学者みたいになっていくのかもしれない。〝匠の世界〟で生きているせいか、川添選手の言葉は二十三歳の若者とは思えないほど、一つ一つが重かった。「いまはどんな境地に達しているのだろうか」と、その言葉を節目節目で聞きたくなるアスリートである。

二宮清純（にのみや・せいじゅん）

1960年生まれ。愛媛県出身。スポーツジャーナリスト。スポーツ紙や流通紙の記者を経て、フリーのスポーツジャーナリストとして独立。著書に『スポーツ名勝負物語』『最強のプロ野球論』『プロ野球の一流たち』（以上、講談社現代新書）、『勝者の思考法』（ＰＨＰ新書）、『天才たちのプロ野球』（講談社）、『プロ野球の職人たち』（光文社新書）など多数。

対論《たいろん》・勝利学《しょうりがく》

2012年7月10日／初版第1刷発行

著　者　二宮清純《にのみやせいじゅん》
発行者　大島光明
発行所　株式会社　第三文明社
東京都新宿区新宿 1-23-5
郵便番号　160-0022
電話番号　03（5269）7145（営業代表）
03（5269）7154（編集代表）
ＵＲＬ　http://www.daisanbunmei.co.jp
振替口座　00150-3-117823
印刷・製本　壮光舎印刷株式会社

ISBN978-4-476-03314-4